TONIO HÖLSCHER, geboren 1940, ist Professor em. für Klassische Archäologie an der Ruprecht-Karls-Universität Heidelberg. Von 2002 bis 2004 war er Forschungsprofessor am Deutschen Archäologischen Institut Rom. Zu den Schwerpunkten seiner Forschung gehören griechische und römische Staatsdenkmäler, griechische Mythenbilder und der antike Städtebau.

Tonio Hölscher

DER TAUCHER VON PAESTUM

Jugend, Eros und das Meer im antiken Griechenland

KLETT-COTTA

MIX
Papier aus verantwortungsvollen Quellen
FSC® C014889
www.fsc.org

Klett-Cotta
www.klett-cotta.de

Cover: Rothfos & Gabler, Hamburg
unter Verwendung einer Abbildung von © Parco Archeologico Paestum & Velia/Ministero dei Beni e delle Attività Culturali, Turmspringer (Deckengemälde, 5. Jahrhundert vor Christus, aus dem Grab des Turmspringers – Tomba del Tuffatore). Paestum, Archäologisches Museum
Gesetzt von Dörlemann Satz, Lemförde
Gedruckt und gebunden von Friedrich Pustet GmbH & Co. KG, Regensburg
ISBN 978-3-608-96480-6
E-Book ISBN 978-3-608-11701-1

Zweite Auflage, 2021

Bibliografische Information der Deutschen Nationalbibliothek
Die Deutsche Nationalbibliothek verzeichnet diese Publikation in der Deutschen Nationalbibliografie; detaillierte bibliografische Daten sind im Internet über http://dnb.d-nb.de abrufbar.

VORWORT

Das Bild des Tauchers aus einem Grab in Paestum, griechisch Poseidonia, gehört zu den wenigen Werken der antiken Kunst, die ganz unterschiedlichen Betrachtern unmittelbar in den Blick springen und unvergesslich im Gedächtnis bleiben. Für Liebhaber der Kunst ist dies einzigartige Beispiel der großen griechischen Malerei in seiner hellen Farbigkeit ein erfrischender Ausbruch aus der weißen Welt der antiken Marmorbilder, und das überraschende Motiv des Kopfsprungs strahlt mit einer körperlichen Eleganz und Anmut, der man sich schwer entziehen kann. Für Wissenschaftler aber ist das Bild in seiner Einzigartigkeit eine unerhorte Herausforderung: Bewusst oder unbewusst meint man, eine wesentliche Seite der antiken Kultur nicht verstanden zu haben, solange man dies Bild nicht verstanden hat.

Dabei ist das Bild auf den ersten Blick leicht zu verstehen: ein junger Mann, der von einem Turm kopfüber ins Wasser springt. Dazu aus demselben Grab die Szene eines lebhaften Symposions, ein häufiges und wohlbekanntes Thema der antiken Kunst und Literatur. Offenbar aber ist gerade die Diskrepanz zwischen dem scheinbar alltäglichen Charakter der Szene des Badens und ihrer Einzigartigkeit in der Kunst ein irritierender Befund: Hat das Bild des Springers etwa eine mehr als alltägliche Bedeutung? Ist es überhaupt ein Bild des gelebten Lebens – oder etwa ein Symbol irrealer Vorstellungen und Hoffnungen? Zieht dies dann auch eine symbolische Deutung des Symposions nach sich? Und was bedeuten die Bilder in einem Grab?

Meine eigene Überzeugung ging von Anbeginn in die Richtung einer Deutung als Szenen der vitalen kulturellen Lebenswelt. Aber mit Überzeugungen allein konnte es nicht getan sein. Erst als ich auf Befunde und Zeugnisse stieß, die die Themen der Bilder in den realen Lebensräumen und Lebenszeiten der Griechen verorteten, ließ sich die Brücke zur antiken Lebenswelt schlagen.

Die unmittelbare Attraktivität der Bilder und Themen dieses Grabes haben es wünschenswert erscheinen lassen, sie einem weiteren Publikum zu erschließen. Ich habe darum versucht, akademische Argumentation und theoretischen Jargon zu vermeiden, und habe zusätzliche wissenschaftliche Erörterungen und Belege in einen wissenschaftlichen Anhang verwiesen.

Die hier präsentierte Deutung der Tomba del Tuffatore habe ich zuerst in Tübingen zum Ende der akademischen Lehrtätigkeit von Thomas Schäfer vorgetragen. Er und Heidi Hänlein-Schäfer waren vier Jahrzehnte zuvor meine ersten Doktoranden gewesen, in einer Zeit des allgemeinen jugendlichen Aufbruchs der 1970er Jahre. Da lag es nahe, noch einmal nach Situationen der Jugend zu fragen, in der Antike, aber mit Blick auf die Gegenwart. Die Faszination des Kopfspringers von Paestum liegt nicht zuletzt in einem kulturellen Konzept der Jugend, das weite Freiräume lässt, das die Jugendlichen beim Übergang in den Status der Erwachsenen in eine eigene Welt jenseits der normativen Lebensordnung entlässt, eine Welt der Lebensfreude und des Übermuts. Damit kann die Szene zum Gegenbild der totalen Kontrolle werden, mit der heute die Jugendlichen auf den ›Ernst des Lebens‹ vorbereitet werden, auf zementierten Wegen der curricularen Ausbildung, eingezäunt in Forderungen von Pflichterfüllung, Zertifikaten und gestanzten Prüfungen. Gewiss können wir die Antike heute nicht mehr zum Vorbild unserer sozialen Lebensformen erheben: Zu stark haben sich seither die kulturellen und anthropologischen Vorstellungen vom Menschen, seiner Physis und seiner Seele, gewandelt. Aber in einem allgemeineren Sinn bleiben sie ein aktueller Anstoß zur Reflexion: Die Griechen haben mit großem Enthusiasmus auf Entfaltung von Körper, Geist, Lebensfreude und Lust zum Risiko gesetzt – und sind damit recht gut gefahren.

In diesem Sinn widme ich dies Buch meinen Studentinnen und Studenten, die die stimulierenden Herausforderungen der antiken Kultur weiter tragen.

Bei der immer erfreulichen Arbeit über die Tomba del Tuffatore habe ich von verschiedenen Seiten Hilfe und Zustimmung erhalten. Gabriel Zuchtriegel hat das Projekt des Buches mit bestärkender Zustimmung begrüßt, die Thesen selbst weiter verfolgt, hat den Text kritisch gelesen und mit hilfreichen Hinweisen verbessert. Aliki Moustaka, Victoria Sabetai und Katja Sporn haben mich auf wichtige Befunde und Denkmaler aufmerksam gemacht. Von Daniel Graepler, Gustav Adolf Lehmann und Anne Paule erhielt ich weitere fruchtbare Hinweise. Nicht zuletzt hat Fernande Hölscher die Arbeit an dem Buch mit inspirierender Freude und Kritik begleitet. Ihnen allen sei herzlich gedankt.

Christoph Selzer hat den Plan zu diesem Buch mit erfrischendem Engagement in das Programm von Klett-Cotta eingeführt, hat die endgültige Fassung durch Anregung zu kulturgeschichtlichen Erweiterungen mitgeprägt und die Drucklegung verständnisvoll und ideenreich begleitet. Marina Scheuermann und die Mitarbeiterinnen und Mitarbeiter der Bildverarbeitung und der technisch-formalen Gestaltung haben dem Buch eine Form gegeben, die mir große Freude macht. Petra Glockner hat den Text mit sicherem Sprachgefühl korrigiert. Auch ihnen sage ich herzlichen Dank.

Heidelberg, im Februar 2021
Tonio Hölscher

Meinen Studentinnen und Studenten

INHALT

Die Welt ist schön – und das ist eigentlich traurig.

STANISLAW JERZY LEC

1.

GRAB, STADT UND LEBENSKULTUR: HERAUSFORDERUNGEN EINES SENSATIONELLEN FUNDES

Die italienischen Archäologen, die in den 1960er Jahren unter der weitsichtigen Leitung des Soprintendenten Mario Napoli die Nekropolen der antiken Stadt Paestum, griechisch Poseidonia, ausgruben, stießen am 3. Juni 1968 zu ihrer großen Überraschung auf ein Grab, das dieser berühmten historischen Stätte einen völlig neuen Glanzpunkt aufsetzte (Abb. 1–6). Der kistenartige Innenraum, in der Grundfläche 1,93 m × 0,96 m und in der Höhe 0,79 m messend, war an den Seitenwänden und an der waagerechten Decke mit einzigartigen Malereien von hohem künstlerischen Rang geschmückt. Wände und Decke waren je aus einzelnen massiven Platten aus Kalkstein gebildet, die so sorgfältig verfugt und mit einer feinen Putzschicht überzogen worden waren, dass die Farben sich darauf in stupender Frische erhalten hatten.

An den vier Wänden spielt sich ein Symposion auf sechs Gelagebetten (Klinen) ab, auf denen zumeist Paare von erwachsenen und jugendlichen Männern lagern. Die Altersstufen sind fein differenziert: Reife Männer mit vollem Bart und Schnurrbart, jüngere mit Schläfen- und Kinnbart, Epheben ohne Bart, in immer wieder anderen Konstellationen. In der Mitte der nördlichen Längswand

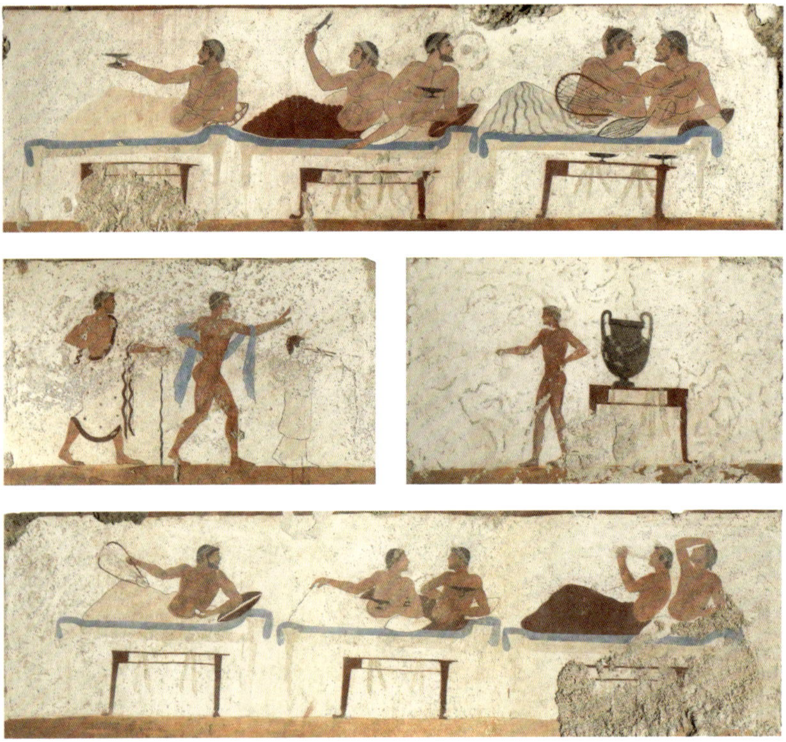

Abb. 1–4: Männer beim Symposion.
Tomba del Tuffatore, Paestum. Um 480 v. Chr.

schleudert der jüngere aus seiner Trinkschale mit einer eleganten Bewegung die letzten Tropfen Weins auf ein imaginäres Ziel, in dem beliebten Spiel des Kottabos, in dem um die Gunst eines Geliebten gespielt wurde. Sein Gefährte dagegen blickt gebannt auf die beiden Nachbarn, die die Schalen auf dem Tisch abgestellt haben und schon weiter in dem erotischen Spiel begriffen sind: Der jüngere greift noch in die Seiten der Leier, während der ältere seinen Kopf zu sich zieht und beide sich einander zum Kuss zuwenden, der ältere mit gierigem Blick, der jüngere mit einer Bewegung der Hand in der ihm gebotenen Zurückhaltung. Auf der Gegenseite sind die

Partner in der Mitte noch in verhaltener Form einander zugewandt. Rechts dagegen spielt der jüngere die Doppel-Flöte (Aulos) in einer Weise, die seinen Partner wie verzückt in die Höhe blicken lässt, die Hand auf den Kopf gelegt, den Mund singend geöffnet. Jeweils auf einer dritten Kline lagert ein einzelner älterer Mann: Der eine streckt seine Schale wie zum Willkommen aus, der andere hat seine Leier demonstrativ ausgestreckt, hält in der anderen Hand ein Ei, offenbar ein Liebesgeschenk, und wendet den Kopf neugierig in dieselbe Richtung. In Gesichtern und Gesten wird ein weites Spektrum von emotionalen Facetten entfaltet.

Auf einer Schmalseite der Grabkammer treten zwei weitere Teilnehmer auf, ein schöner Jugendlicher, bartlos, den nackten Körper mit einem auffallenden blauen Schärpentuch in Szene gesetzt, die Hand zum Gruß erhoben, gefolgt von einem erwachsenen bärtigen Mann mit Manteltuch und Stock; vorweg eine noch sehr junge Aulos-Spielerin. Man hat gezweifelt, ob sie ankommen oder aufbrechen, aber im Kontext der übrigen Szenen kann kaum ein Zweifel sein: An der Wand hinter ihnen nimmt niemand von einem Aufbruch Notiz, während an der Wand vor ihnen der einzelne Zecher sie mit vorgestreckter Trinkschale begrüßt, in freudigem Bezug auf den Grußgestus des vorderen jungen Mannes. Die beiden neuen Gäste werden offensichtlich an dem Gelage teilnehmen, und man geht kaum fehl in der Annahme, dass sie sich zu den noch partnerlosen erwachsenen Männern legen werden. Das Mädchen wird wohl die musikalische Unterhaltung übernehmen, wenn die Männer beim Gelage weiter fortgeschritten sind: Der Aulos mit seinem schrillen Klang in der Art einer Oboe wurde, im Gegensatz zu den gemäßigten Saiteninstrumenten Kithara und Lyra, bei den Symposien zur Erzeugung einer betörenden und stimulierenden Atmosphäre eingesetzt. Auf der Schmalseite gegenüber aber steht auf einem Tisch der metallene Krater, als Quelle und Ursprung der sympotischen und erotischen Vitalität. Dazu ein aktionsbereiter Ephebe, als einziger ganz nackt, der den Wein an die Symposiasten

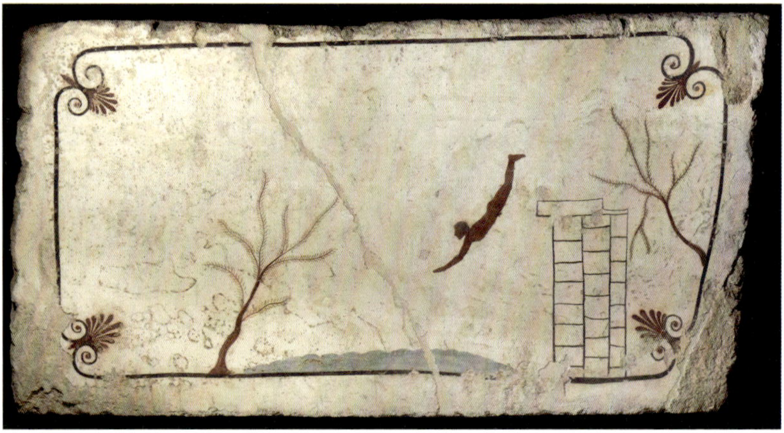

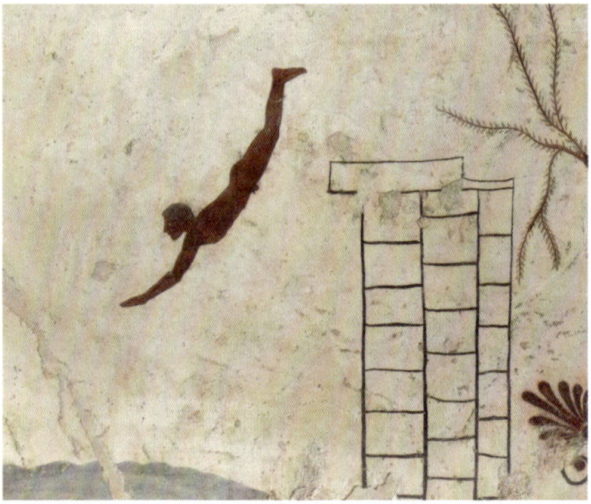

Abb. 5/5a: Ephebe beim Kopfsprung ins Meer. Tomba del Tuffatore, Paestum. Um 480 v. Chr.

ausgibt. Wenn man schon in einem Grab liegen muss, ist ein schöneres Ambiente kaum denkbar.

Die Sensation aber war, und ist bis heute, die Deckplatte des Grabes, die an der Unterseite ein Thema trägt, das sofort alle Blicke auf sich zieht: der »Taucher«, nach dem das Grab den Namen »Tomba del Tuffatore« erhalten hat. Wir blicken auf eine Naturlandschaft von äußerst sparsamer Zartheit. Ein Gewässer mit leicht gewellter Oberfläche. Am Ufer ein turmartiger Bau von nicht leicht zu erklärender Form, jedenfalls aber mit einer vorkragenden Deckplatte. Von dort hat ein junger Mann im Kopfsprung abgesetzt, den nackten Körper in hoher Eleganz gespannt, mit eingezogenem Kreuz, knackigem Hintern, weit gestreckten Armen und Beinen. Aus der biegsamen Kontur tritt nur das kleine Glied heraus, wie man es in der Antike schätzte; und vor allem der Kopf, mit dem ersten Backenbart, der aufgereckt dem Eintauchen entgegenblickt. Einzigartig ist die Kleinheit des Springers in dem weiten freien Bildfeld. Nur zwei filigrane Bäume, einer am jenseitigen Ufer, der andere am rückwärtigen Bildrand wachsend, breiten ihre Zweige wie in erotischem Verlangen nach dem schönen Epheben aus. Es ist ein Bild der weiten freien Natur, selbst der Bildrand biegt sich organisch zu den Ecken um, an denen pflanzenartige Voluten und Palmetten in die Szene hineinwachsen.

Sehr rasch wurde der »Taucher« zum zugkräftigen Symbol von Paestum. Er fehlt in keiner Geschichte der griechischen Kunst. Der französische Filmregisseur und Publizist Claude Lanzmann hat ihn in seinem Essay-Band »La tombe du divin plongeur« zur Leitfigur seines Lebens gemacht, das er als eine Folge von Kopfsprüngen ins

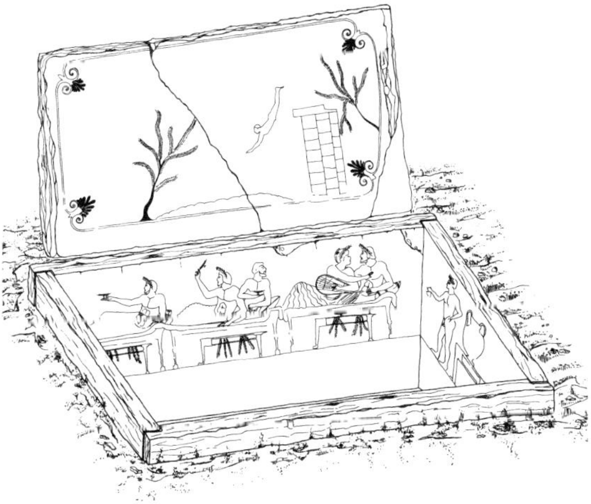

Abb. 6: Tomba del Tuffatore, Paestum, Ansicht der Grabkammer. Um 480 v.Chr.

Ungewisse sieht. Die deutsche Ausgabe hat unter dem Titel »Das Grab des göttlichen Tauchers« den Nachdruck auf das Untertauchen gelegt, das eigentlich nicht dargestellt ist, aber weitere bedeutungsvolle Assoziationen weckt.

Gewiss hatte es dem antiken Paestum auch vor dieser Entdeckung nicht an historischem Glanz gefehlt. Griechische Siedler aus Sybaris, der Stadt des legendären Luxus im Süden der italienischen Halbinsel, hatten kurz vor 600 v. Chr. eine Tochterstadt an der weiten Küste südlich der Halbinsel von Sorrent, nahe bei der Mündung des Flusses Sele, gegründet, die sie nach Poseidon, dem Gott des Meeres, Poseidonia benannten. Die ungemein fruchtbare Ebene um die Stadt, die bis heute die Büffelherden für die beste Mozzarella Italiens nährt, wurde bald zur Grundlage eines steigenden Reichtums; dieser manifestiert sich in einer weiträumigen Stadtanlage mit rechtwinklig geplantem Netz von Straßen und einem großzügig angelegten Zentrum mit weiter Agora und monumentalen Heiligtümern. Drei prachtvolle Tempel in selten guter Erhaltung zeugten durch die Jahrhunderte von der Blütezeit der Stadt im 6. und 5. Jahrhundert v. Chr. Europäische Bildungsreisende des 18. und 19. Jahrhunderts, soweit sie sich, wie etwa Goethe, über die gepflegten und beschützten Ziele von Rom, Neapel und Pompeji hinaus in den Süden Italiens wagten, erlebten die griechischen Tempel von Paestum, meist die einzigen erreichbaren Zeugnisse der griechischen Kultur, als eine fremde, aber gleichwohl höchst eindrucksvolle Welt. Wer sich etwas weiter umsah und nicht nur an der großen architektonischen Kunst der Tempel interessiert war, konnte auch die am besten erhaltene Stadtmauer der vorrömischen Antike bestaunen, die aus einer späteren Epoche stammte: eine immense Befestigung aus Kalkquadern, errichtet in der 2. Hälfte des 4. Jahrhunderts v. Chr., als die Stadt weitgehend unter den Einfluss einheimischer Lukaner gekommen war, deren Vordringen an die Küsten zu weitreichenden kriegerischen Unruhen führte – bis 273 v. Chr. die Römer dort eine Bürger-Kolonie mit dem neuen Namen Paestum gründeten.

Neue Entdeckungen des 20. Jahrhunderts verstärkten den Glanz von Paestum als Ort großer Kunst noch einmal beträchtlich. Nördlich der Stadt, an der Mündung des Sele-Flusses, wurde ein Heiligtum der Göttin Hera ausgegraben, in dem offenbar vor allem die weibliche Jugend sich außerhalb des städtischen Raumes zu Ritualen der Initiation zusammenfand. Zwei große Kultbauten des 6. Jahrhunderts v. Chr. waren mit großen Serien von Reliefplatten (Metopen) geschmückt: Die eine, in kräftig-derben Stilformen, enthielt die bei weitem größte Zahl von Bildern griechischer Mythen, die von einem antiken Bauwerk bekannt sind: Taten des Herakles (Abb. 7), Krieg um Troia, Aias, der sich in der Verblendung in sein Schwert stürzt, Sisyphos, der vergeblich den Felsen bergauf wälzt – ein ganzes Panorama heroischer Ruhmestaten und Schicksale. Die andere zeigt eine Schar von Mädchen, reich und elegant gekleidet, beim verführerisch-anmutigen Tanz zum Fest der Göttin (Abb. 8). Beide Serien sind einzigartig in der griechischen Bildkunst.

Mit dieser glanzvollen Lebenskultur präsentierte Paestum sich als Vorposten am nördlichen Rand der griechischen Welt gegenüber den ganz andersartigen, aber ebenfalls hochstehenden Kulturen der einheimischen Italiker. Unmittelbar nördlich des Territoriums von Paestum hatten Etrusker aus dem Norden, mit einer bedeutenden Kultur von Metallarbeiten und Keramik, seit Jahrhunderten das Gebiet um das heutige Pontecagnano erschlossen und besiedelt. Andere ethnische Gemeinschaften hatten Zentren von hohem Anspruch im bergigen Inneren der Halbinsel ausgebaut. Es war eine Zeit weiträumiger politischer, wirtschaftlicher und kultureller Verbindungen, Auseinandersetzungen und Konflikte. Die Bewohner von Paestum müssen in dieser Grenzsituation ein deutliches Bewusstsein für kulturelle Eigenarten und Unterschiede entwickelt haben.

Die Grabungen der 1960er Jahre in den Nekropolen außerhalb der Stadtmauer von Paestum waren darauf angelegt, jenseits der Entdeckung großer Kunst weiterreichende Einsichten in die Sozial-

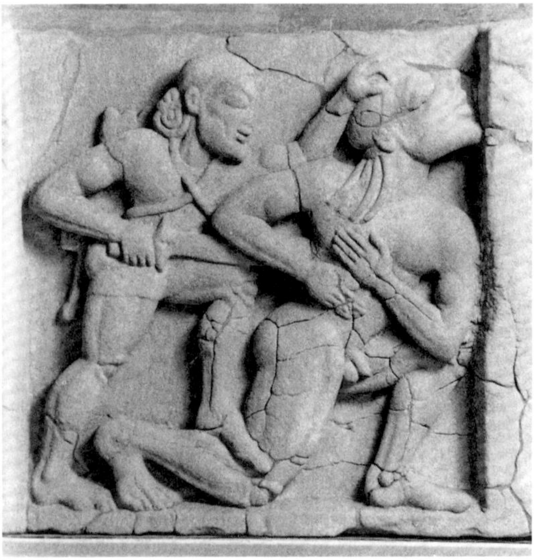

Abb. 7: Herakles tötet den Riesen Alkyoneus. Metope vom ersten archaischen Tempel von Foce del Sele. Paestum, Museo Archeologico Nazionale. Um 550 v. Chr.

und Kulturgeschichte der antiken Stadt zu gewinnen. In der neueren Forschung waren theoretische Fragestellungen und Methoden entwickelt worden, mit denen vor allem die Beigaben in den Gräbern für die Toten als Zeugnisse sozialer Konzepte ausgewertet werden konnten. Die neu entdeckten Gräber in Paestum, vor allem aus dem 4. Jahrhundert v. Chr., der Zeit der vordringenden Lukaner, boten für solche Fragen ganz unerwartete Dokumente: Die unterirdischen Grabkammern trugen an den Wänden, in locker skizzierender lokaler Malerei, Szenen aus der sozialen Welt der nun dominierenden lokalen Elite: Krieger treten im Zweikampf gegeneinander an, kehren triumphal von Feldzügen zurück, werden von ihren Frauen mit Opfergefäßen empfangen (Abb. 9); dazu Athleten im Boxkampf, beim Wettrennen und so fort. Eine Gesellschaft, die sich in den Gräbern mit einem starken Bewusstsein von kriegerischer Leistung und sozialem Status präsentiert.

Eine einzigartige Überraschung aber war es, als die Ausgräber dann ein Grab öffneten, das ein Jahrhundert früher, um 480 v. Chr.,

Abb. 8: Tanzende Mädchen. Metope vom spätarchaischen Tempel von Foce del Sele. Paestum, Museo Archeologico Nazionale. Um 510–500 v. Chr.

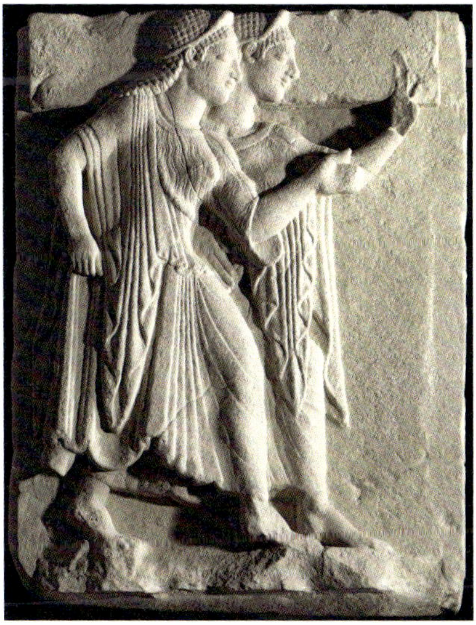

angelegt worden war, dessen Ausmalung sehr viel näher an griechischen Stilformen lag und dessen Themen in eine ganz andere kulturelle Welt führten. Noch einmal wartete das griechische Poseidonia-Paestum mit einem exzeptionellen Kunstwerk auf, diesmal von besonders weitreichender Bedeutung. Denn die große griechische Malerei dieser Zeit, die in der Antike noch höher geschätzt wurde als die in der Neuzeit gefeierte Skulptur der Griechen, war nahezu völlig verloren. Nur aus den fremden Kulturen jenseits der griechischen Welt, aus Etrurien im nördlichen Italien und aus Lykien im südlichen Kleinasien, waren aus dieser Zeit Gräber mit Wandgemälden bekannt, bei denen jedoch unklar war, wie weit sie ›echter‹ griechischer Malerei entsprachen. Nun aber besaß man ein einzigartiges Dokument der Malkunst aus einer Stadt des griechischen Westens aus der Zeit ihrer großen Blüte, von der die berühmten Tempel zeugten!

Für die verantwortlichen Archäologen kann das Glück einer spektakulären Entdeckung mit schwierigen Herausforderungen

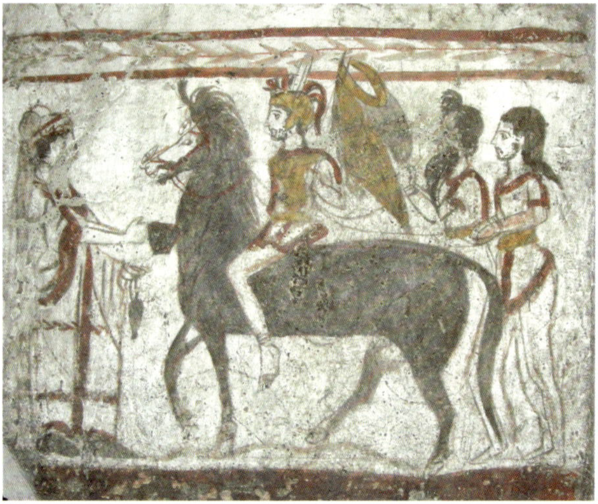

Abb. 9: Heimkehr eines Kriegers. Lukanisches Grab. Paestum, Museo Archeologico Nazionale. Um 360 v. Chr.

einhergehen. Der Leiter der Ausgrabung konnte zum Zeitpunkt der Öffnung des Grabes nicht anwesend sein, er hatte nicht das Erlebnis des überwältigenden ersten Anblicks der Malereien, musste aber sofort mit Entscheidungen reagieren: die Deckplatte noch am Abend ins Museum bringen, den Grabungsplatz über Nacht gegen den ständig drohenden Diebstahl absichern, die Platten der Wände am folgenden Morgen noch vor dem Einfall schädigender Lichtstrahlen abmontieren und abtransportieren lassen. Presse und Öffentlichkeit sollten rasch informiert werden, ohne aber die hochempfindlichen Malereien durch Zugänglichkeit zu gefährden. Mit der Konservierung gegen das drohende Verschwinden der Farben musste sofort begonnen werden, obwohl die nötigen Informationen über die Materialien und die Maltechnik zunächst fehlten. Die Fachwelt und das breitere Publikum erwarteten erste Ergebnisse und Erklärungen, noch bevor Zeit für seriöse wissenschaftliche Forschung über die außergewöhnlichen Funde war. Kollegen äußerten kontroverse Meinungen auf oft unzureichender Grundlage. Mario Napoli ist den Anforderungen in vorbildlicher Weise gerecht geworden: indem er die Malereien 23 Monate lang kompromisslos in einem dunklen Raum für langsame Trocknung und fachgerechte Konservierung unter Verschluss hielt, sie aber liberal für Kollegen zugänglich machte und sie nach zwei Jahren sowohl dem breiten Publikum im Museum präsentierte als auch der Fachwelt in einer Monographie vorlegte.

2.

ESCHATOLOGIE ODER LEBENSWELT?

Je außergewöhnlicher ein Zeugnis vergangener Kulturen ist, desto stärker entzieht es sich dem Verständnis. Historische Interpretation gelingt am leichtesten und überzeugendsten, wenn sie die Zeugnisse in einen Kontext von ähnlichen Dokumenten stellt und sie auf diese Weise in einem bekannten Rahmen der betreffenden Kultur und Gesellschaft ›zum Sprechen bringt‹. Viel größer ist die Herausforderung bei einzigartigen Zeugnissen: Wie kann man ihre kulturelle Bedeutung erkennen, wenn das kulturelle Umfeld unklar bleibt? Das gilt ganz besonders für Bildwerke, die viel weniger eindeutig ›sprechen‹ als Texte. Das Deckenbild des Grabes in Paestum ist zwar auf den ersten Blick leicht ›lesbar‹: Ein junger Mann springt in einem wohltrainierten Kopfsprung von einem Turm ins Wasser. Aber was bedeutete das für die Bewohner von Poseidonia-Paestum im 5. Jahrhundert v. Chr.? War es ein persönlicher Zeitvertreib? Ein verbreiteter Brauch? Ein athletischer Sport? Ist es überhaupt eine Szene des realen Lebens oder eine Vorstellung der Phantasie? Eine symbolische Metapher? Und welche Bedeutung hat sie in einem Grab?

Bei dem Grab des Tauchers fehlen auch weitere Informationen: Die Grabbeigaben, die man nach der sozialen Rolle des Verstorbenen befragen könnte, sind spärlich und wenig signifikant; die Knochen, aus denen man sein Geschlecht und Alter erkennen könnte, sind unmittelbar nach der Freilegung zerfallen. Einen allgemeinen Rahmen hat man in neueren Forschungen zu der Form und Ausstattung des Grabes gewonnen: Kistengräber aus Kalkstein-Platten waren ein üblicher Typus anspruchsvoller Bestattungen in Poseidonia-Paestum. Auch die farbige Ausmalung im Inneren auf einer Putzschicht ist dort und an anderen Orten bezeugt, nur einmal allerdings mit einer figürlichen Komposition, in einem heute verlorenen Grab von Capua. Darüber hinaus kann man einen allgemeinen Einfluss der großen archaischen Kammergräber Etruriens mit ihren reichen Malereien vermuten, doch auch im Umkreis des griechischen Korinth hat sich ein Sarkophag mit gemalten Löwen an der Unterseite des Deckels gefunden. Alles spricht dafür, dass das Grab in Paestum für einen Angehörigen der einheimischen Elite angelegt wurde. Doch die Einzigartigkeit der Malereien, insbesondere des »Tauchers«, bleibt weiter zu erklären.

Bei Wissenschaftlern setzen solche einzigartigen Bilder oft ein besonders hohes Maß an Phantasie der Interpretation in Gang, und das weitere Publikum ist mit besonders hohen Erwartungen bereit, ingeniösen Deutungen zu folgen. Wenn es dabei um Grabkunst geht, wird mit besonderem Nachdruck nach Tod und ewigem Leben gefragt; dann stehen Todessymbolik, Eschatologie und Mysterien hoch im Kurs. In Wikipedia ist die *communis opinio* zu dem Grab des Tauchers festgeschrieben: »Nahezu alle Forscher sind darin einig, dass der Kopfsprung nicht im wörtlichen, sondern in einem symbolischen Sinn zu verstehen ist, als Symbol des Übergangs vom Tod in das Jenseits.« Und in der gebildeten Öffentlichkeit setzte sich rasch die Vorstellung durch, dass die Malereien dieses Grabes nicht dem unbekannten Verstorbenen eine beliebige Erinnerung an seine sportliche Vergangenheit mitgeben, sondern mit dem Sprung in das Meer den liminalen Zustand zwischen Leben und Tod symbolisieren sollten. Dem Angebot eines solchen metaphysischen Sinnes kann man sich als unbefangener Leser schwer widersetzen – wer wollte sich hier auf die Seite der wenigen »Realisten« schlagen, die in dem Bild lediglich eine erfreuliche Episode aus dem südlichen Alltagsleben erblicken? Zumal bei den Griechen angeblich Schwimmen und Tauchen nicht in hohem Ansehen standen und jedenfalls nicht zu jenen gefeierten sportlichen Disziplinen gehörten, die bei den Wettspielen in Olympia und Delphi den höchsten Ruhm einbrachten.

Die vorherrschende Deutung, die gleich von Mario Napoli begründet wurde, ist symbolisch, eschatologisch, mystisch: Der Springer taucht in das Meer des Todes als Übergang zum ewigen Leben ein; dabei unterzieht er sich einer rituellen Reinigung, die ihn für die glückselige Existenz in der Ewigkeit bereit macht. Der Turm, von dem er in das Wasser springt, ist in diesem Sinn die Markierung der Grenze zwischen Diesseits und Jenseits: die Säulen des Herakles oder die Tore am Eingang zur Unterwelt, im äußersten Westen der Welt. Das Meer des Okeanos, das dort die Welt der lebenden Menschen umschließt, wird als Sphäre der Bedrohung und des Todes verstanden, durch die der Weg zum Jenseits führt. Entsprechend ist das Symposion an den Seitenwänden des Grabes aus dieser Sicht entweder eine symbolische Quintessenz des diesseitigen Lebens, aus dem der Grabherr sich verabschiedet, um in das Jenseits einzutreten; oder eine religiöse Vereinigung, deren Mitglieder mit Wein, Musik und (homo-)erotischer Verzuckung die Transzendenz vom irdischen ins jenseitige Leben vollziehen; oder schließlich eine Vision der seligen Existenz der Verstorbenen nach dem Tod. Dies alles sind Verheißungen jener Mysterienreligionen, die sich auf den mythischen Sänger Orpheus und den weisen Philosophen Pythagoras beriefen, die vor allem in Unteritalien und Sizilien viele Anhänger fanden und gerade zur Zeit des Grabes von Paestum durch Pindar in einer Ode auf Hieron den Herrscher von Syrakus bezeugt sind. In diesem Sinn wird das Grab des Tauchers für manche Forscher zum Kronzeugen einer einheimischen religiösen Identität jener Griechen, die im reichen Westen, den man Magna Graecia, »Großgriechenland«, nannte, eine eigene Kultur und Lebensform von intensiver Emotionalität ausgebildet hätten.

Unbefangene Betrachter werden allerdings kaum um die Überlegung herumkommen, dass solche Deutungen in vieler Hinsicht dem widersprechen, was von antiker Grabkultur bekannt ist. Eine wissenschaftliche Kritik im Detail, die außerhalb der Fachwelt wohl keine besonders unterhaltsame Lektüre wäre, wird dem Leser hier erspart. (Wer daran interessiert ist, sei auf den Anhang unten S. 129–149 verwiesen.) Wenige grundsätzliche Tatsachen, die von allgemeinerem Interesse sind, mögen genügen:

Zum einen: Die scheinbar so nahe liegende Vorstellung, Kunst am Grab müsse selbstverständlich etwas mit Tod und Jenseits zu tun haben, ist ein einseitiges, vor allem auch durch das Christentum verstärktes Postulat. Schon Goethe hat gesehen, und als Paradox notiert, dass Griechen und Römer die Grabstätten ihrer Toten mit Themen des Lebens schmückten. In diesem Sinn haben neuere Forschungen überzeugend gezeigt, dass die Bilder an den Gräbern der Antike vor allem in einem sehr weiten Sinn die sozialen Rollen, Leitvorstellungen und Lebensformen der Verstorbenen zum Ausdruck bringen. Zu diesen Themen gehören zwar auch die sozialen Rituale der Begräbnisse, kaum je aber eine transzendentale Metaphorik und Symbolik einer mystischen Eschatologie.

Zum anderen: Die Deutungen antiker Grabkunst im Sinn von Mysterienreligionen sind durchweg nur in sehr geringem Maß mit präzisen antiken Quellen zu belegen. Dasselbe gilt für so metaphorische Vorstellungen wie das »Meer des Todes«. Gewiss kann man das damit erklären, dass die Mysterien streng geheim gehalten werden mussten und darum kaum durch Quellen bezeugt sein können; trotzdem bleiben die Argumente durchweg vage. Konkretere Fragen werden dann kaum mehr gestellt: ob ein einzelner Turm eine sinnvolle Darstellung der Säulen des Herakles oder der Zugangspfosten zum Hades sein kann? Warum diese mythischen Bauten oben ein Sprungbrett haben? Und vor allem: ob der Kopfsprung, noch dazu in dieser Eleganz, die langes Training voraussetzt, eigentlich eine geeignete Form des Übergangs in das Jenseits ist?

Darum ist es, zum dritten, sinnvoll, einen Schritt zurückzutreten und zu fragen, warum solche Deutungen überhaupt so attraktiv sind. Die Diagnose zu dieser Frage fällt ambivalent aus. Das ideale Bild der klassischen Griechen, rational und das Leben bejahend, wie Winckelmann, Goethe und Schiller sie gesehen hatten, wurde im 19. Jahrhundert durch Jacob Burckhardt, Johann Jakob Bachofen und Friedrich Nietzsche abgelöst, die die dunkle, rauschhafte, irrationale und auf den Tod orientierte Gegenseite der griechischen Kultur hervorhoben. Hundert Jahre später hat Walter Burkert nicht nur die gewalttätigen, sondern auch mystische Züge der griechischen Religion herausgestellt. Diese Sicht hat bis heute ihre Bedeutung als Gegengewicht zur griechischen Aufklärung nicht verloren: Das Interesse an Mysterien, Eschatologie und Symbolik hat hier eine legitime Begründung.

Andererseits aber scheint hier ein Syndrom einer Gefühlslage der Gegenwart offenbar zu werden, die nicht nur wissenschaftlich irreführend, sondern auch aktuell beunruhigend ist. Was hier zusammenkommt, ist zum einen eine Verachtung der Wirklichkeit: In dieser Sicht sind die Realitäten des Lebens, etwa ein tatsächlicher Kopfsprung ins Meer, eine belanglose Folge von Episoden des »Alltags«, kontingent, trivial, oberflächlich und ohne »Sinn«; symbolische Handlungen dagegen sind Manifestationen von »tiefer«, über die alltägliche Wirklichkeit hinausgehender Bedeutung. Es ist zum zweiten ein Zug zur mystischen Introvertiertheit: ein Rückzug aus der Praxis der sozialen Lebenswelt in die Hoffnungen einer jenseitigen Glückseligkeit. Und beides verbindet sich, drittens, mit der Sehnsucht nach Identität: Religion als Reservat einer regionalen Kultur Unteritaliens gegenüber der weiteren Umwelt. Ob bewusst oder unbewusst: Hier werden Muster gegenwärtiger kultureller und sozialer Einstellungen evoziert, die eher bedenklich machen können.

Aber sind diese Szenen nicht viel zu vital und präsent, um sie als

Metaphern ins Jenseits zu verweisen? Welche Metapher bringt es zu solcher erotischer Sinnlichkeit? Welche Sehnsucht nach dem Jenseits erreicht eine solche sportliche Präsenz? Ist ein Kopfsprung von derart trainierter Eleganz überhaupt denkbar ohne die Voraussetzung einer Praxis im gelebten Leben? Auch Claude Lanzmann, der die Szene des Springers mit der Unerbittlichkeit des französischen Existentialismus als Situation zwischen körperlicher Selbstsicherheit und Todesfurcht nachempfunden hat, kommt selbstverständlich ohne Hoffnungen auf Jenseits und ewiges Leben aus. Wie es scheint, lohnt es den Versuch, die Bilder des Grabes in der realen Lebenswelt ihrer Träger zu verorten. Denn im Gegensatz zu dem nahezu völligen Fehlen von Zeugnissen für eine eschatologische Symbolik des Springens in das Meer des Jenseits, lässt sich ein weiter Horizont von Praktiken und Vorstellungen des gelebten Lebens, in Bildern wie in realen Orten, in Mythen der Vorzeit wie in der sozialen Wirklichkeit der historischen Gesellschaften aufzeigen, die in der Szene am Meer in dem Grab von Paestum einen prägnanten Ausdruck gefunden haben.

Dabei geht es aber um etwas ganz anderes als um die bedeutungslose Realität alltäglicher Aktivitäten und biographischer Episoden, an denen die Wissenschaft bei ihrer Suche nach kulturellem ›Sinn‹ in der Geschichte Anstoß nimmt. Die Alternative von hoher symbolischer Transzendenz und trivialer Realität führt hier nicht weiter. Denn es geht um fundamentale Situationen, Praktiken und Strukturen des sozialen Lebens: um ein Grundthema einer Lebenswelt, die alles andere als ein bedeutungsloses Spiel beliebiger Akteure, Handlungen und Ereignisse ist, um eine konzeptuelle Lebensordnung, in der die konkreten Formen des Lebens ihre Bedeutung haben. In diesem Sinn soll die hier begründete Deutung der Tomba del Tuffatore eine Werbung für den wunderbaren Wirklichkeitssinn der griechischen Bildkunst sein.

Dann wird auch in neuer Weise die Frage aufzuwerfen sein, wie solche Bilder des vitalen Lebens an einem Grab zu verstehen sind.

3.

EPHEBEN AM MEER: BILDER

Der Taucher von Paestum ist nicht so einzigartig, wie es zunächst scheint. Bekannt ist die wenig ältere Tomba della caccia e pesca, das »Grab der Jagd und des Fischfangs« im etruskischen Tarquinia, benannt nach der Ausmalung mit drei ungemein heiteren Szenen in der freien Natur (Abb. 10, 11):

Auf der zentralen Rückwand ist ein junger Mann auf einen hohen Felsen über dem Meer gestiegen, von wo er mit einer weit ausgespannten Schleuder Jagd auf eine Schar aufgeregt umherschwirrender Vögel macht. Sie sind aus dem Wasser aufgescheucht worden, in dessen Wellen sich auch ein paar übermütige Delphine tummeln. Unter dem Felsen schwimmt ein Boot mit vier Jugendlichen. Einer hält das Steuerruder, ein anderer senkt eine Schnur ins Wasser, offenbar um Fische zu fangen, zwei weitere schauen sich lebhaft gestikulierend um.

Ähnlich ist die Szene auf der linken Seitenwand. Wieder ein junger Mann mit gespannter Schleuder auf einer Klippe im Meer stehend, diesmal mehr am Rand, so dass er den ganzen Bildraum mit flatternden Vögeln vor sich hat. In der Mitte der Szene ein größeres Boot, mit nur zwei Insassen: Der eine hält das Ruder, der andere stößt mit einem Dreizack nach schwimmenden Enten.

Ganz anders die linke Seitenwand. Im Zentrum ragt ein noch höherer Fels auf, der nach rechts senkrecht abfällt. Von oben stürzt

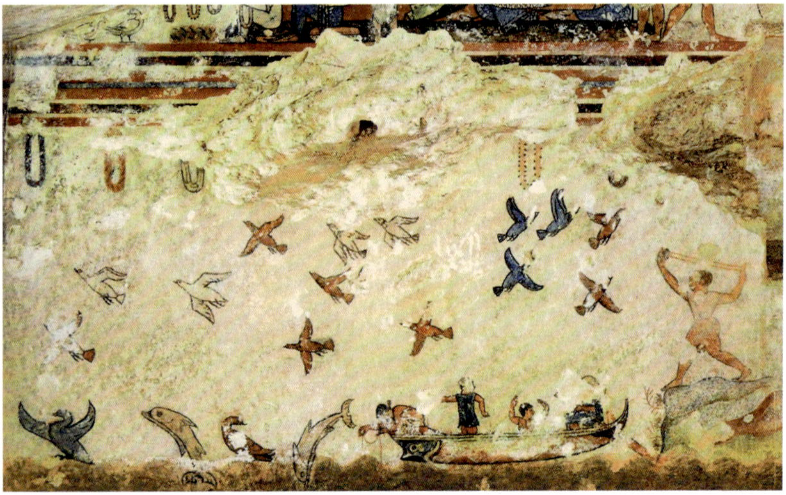

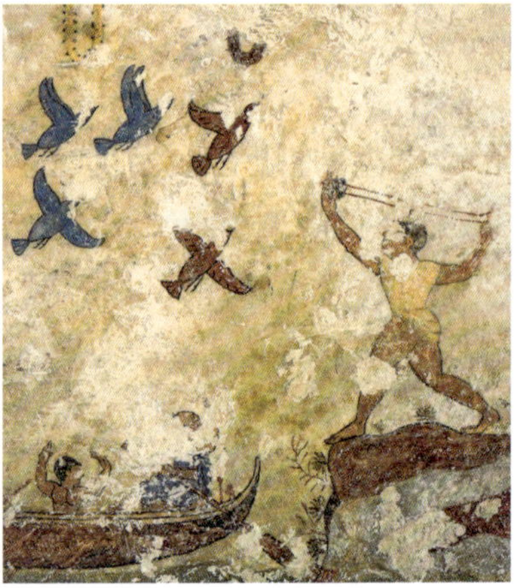

Abb. 10/10a: Junge Männer und Epheben an der Meeresküste: Jagd auf Vögel, Fischfang. Tarquinia, Tomba della caccia e pesca. Um 520–510 v. Chr.

sich ein junger Mann im steilen Kopfsprung in das Wasser hinab. Ein zweiter Jugendlicher steigt von hinten die steile Anhöhe hinauf und signalisiert mit erhobener Hand seine Erregung: Offensichtlich wird er seine Kleider ablegen und seinem Gefährten im Sprung nachfolgen. Drei Gefährten in einem Boot schauen gespannt zu. Auch hier treiben Delphine ihr heiteres Spiel des Aufspringens aus

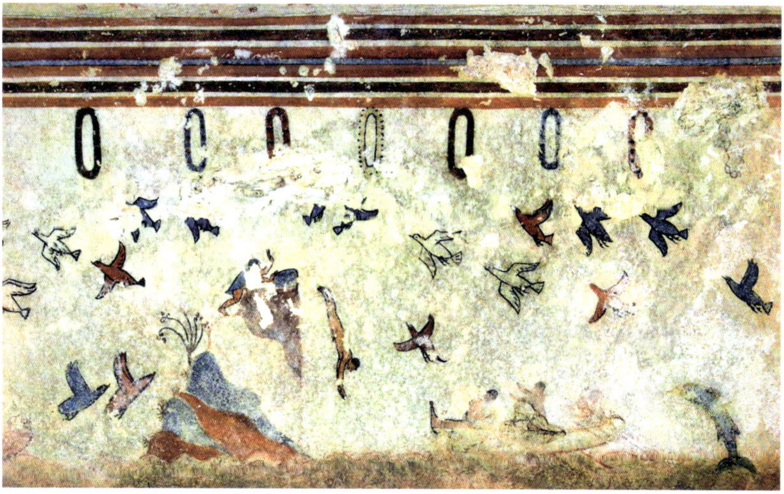

Abb. 11/11a: Junge Männer und Epheben an der Meeresküste: Kopfsprung ins Meer. Tarquinia, Tomba della caccia e pesca. Um 520–510 v. Chr.

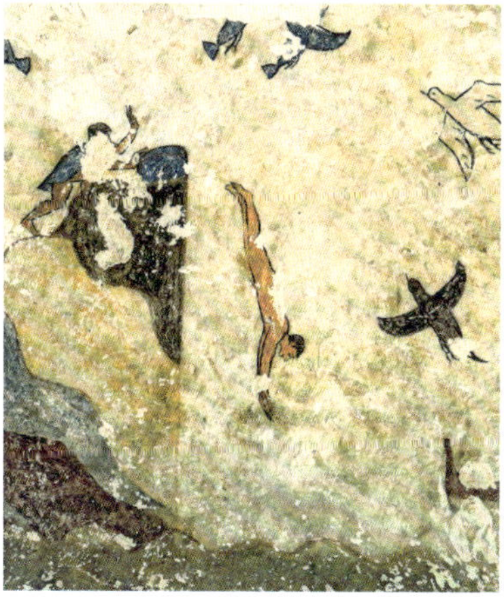

dem Wasser, in vergnüglicher Spiegelung der athletischen Eleganz des menschlichen Springers.

In diesen Bildern lässt das ganze Ambiente schwerlich an eine eschatologische Szene denken. Die Jagd auf schwirrende Vögel kann kaum ein typisches Vergnügen im Leben nach dem Tod sein, die jungen Leute im Boot wirken nicht, als seien sie auf der Über-

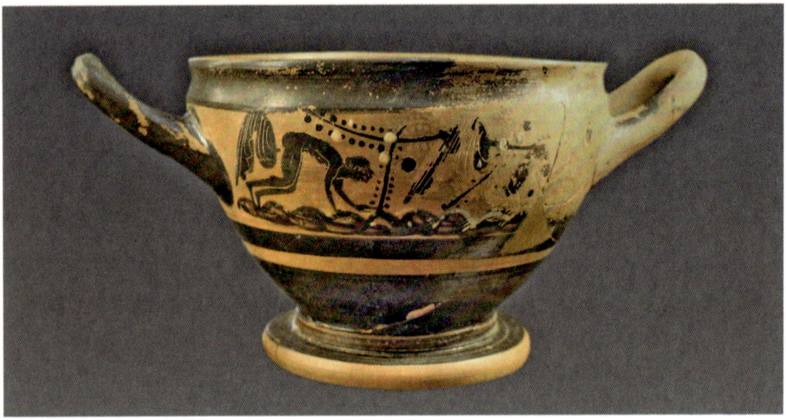

Abb. 12: Junger Mann beim Kopfsprung ins Meer. Athenisches Trinkgefäß (Skyphos) aus der Nekropole von Rhitsona (Böotien). Theben, Archaiologikon Mouseion. Um 500 v. Chr.

fahrt ins Jenseits, der Jüngling mit der Angelschnur geht sicher nicht im Meer des Todes auf Fischfang. Und bei dem Jüngling, der den Felsen erklimmt, wird gewiss niemand an den mühevollen Lebensweg bis zum Eintritt in die Seligkeit des ewigen Lebens denken. Dies sind Szenen einer übermütigen Jugend in der fernen Zone des Meeresufers.

Gegen den Vergleich mit dem Grab des Tauchers kann man nicht einwenden, dass die Tomba della caccia e pesca der ganz anderen Kultur der Etrusker angehört. Etrurien war in dieser Zeit stark empfänglich für genuine Lebensformen und Vorstellungen Griechenlands, für Symposion und Athletik, für die Welt der griechischen Mythen und die Formen der griechischen Kunst. Auch sind Bilder des Badens und des Kopfsprungs ins Meer nicht auf das frühe Italien beschränkt. Zur selben Zeit wie die Gräber in Paestum und Tarquinia wurde in einem Grab der Nekropole von Rhitsona bei Theben ein Trinkgefäß (Skyphos) für Wein deponiert, das in Athen hergestellt und bemalt wurde (Abb. 12): Auf beiden Seiten ist ein

Jugendlicher dargestellt, der seine Kleider abgelegt hat und von einem Felsen in die weiß schäumenden Wellen unter ihm springt. Solche Skyphoi waren in dieser Nekropole eine übliche Beigabe, das Repertoire der Darstellungen umfasst vor allem die wichtigsten sozialen Rollen der Polis-Gemeinschaft: ältere und jüngere Männer, als Krieger, zu Pferd oder Wagen, stehend oder sitzend, Frauen stehend oder im Tanz – und vielfach nackte Knaben oder Epheben, oft mit einem Hahn in der Hand, dem beliebten Geschenk erwachsener Liebhaber an ihre favorisierten männlichen Geliebten. Zu diesen gehört auch der Springer. Von Eschatologie keine Spur. Offensichtlich waren Springen und Schwimmen Fähigkeiten, in denen man sich auszeichnen konnte: Das zeigen Bronze-Statuetten von Epheben vor dem Absprung, die offenbar als Weihgaben in Heiligtümer geweiht wurden.

Wenn man das Thema in etwas allgemeinerem Sinn sieht, so findet es sich auch in weiteren athenischen Vasenbildern. Eine Trinkschale derselben Zeit trägt im Inneren das Bild eines angelnden Knaben aus den oberen sozialen Schichten (Abb. 13). Nicht nur

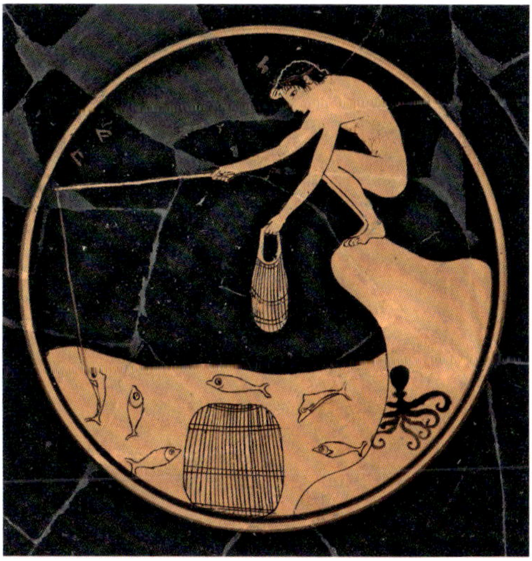

Abb. 13: Knabe beim Angeln im Meer. Athenische Trinkschale. Boston, Museum of Fine Arts. Um 510–500 v. Chr.

seine attraktive nackte Gestalt, sondern auch ein Kranz im Haar, verstärkt durch die Legende »Der Junge (ist) schön«, weisen darauf, dass er nicht für seinen Lebensunterhalt arbeitet, sondern einer Tätigkeit edler Knaben und Epheben nachgeht. Er hockt mit angespanntem Körper auf einem Felsen, an dem sich ein Oktopous festgesaugt hat, im Wasser unter ihm schwimmen Fische, einer schnuppert an einer aufgestellten Reuse, ein anderer ist ihm gerade an die Angel gegangen. Man ist unmittelbar an den Angler im Boot in der Tomba della caccia e pesca erinnert.

Das Deckenbild des Grabes von Poseidonia-Paestum stellt den Taucher in einer Szene von einzigartiger formaler Konzentration vor Augen: ein gebauter Turm, ein gekräuseltes Wasser, zwei zarte bewegte Bäume als still bewegter Rahmen, und dazwischen der elastisch gespannte Körper im Moment des freien Kopfsprungs. Doch diese Szene gehört in eine weitere Welt von Bildern der Jugend am Meer.

4.

EPHEBEN AM MEER: ORTE

Sind diese Bilder nichts als Metaphern, jenseits aller Wirklichkeit? Und war das Meer für die Griechen nur ein Raum der Bedrohung und des Todes? Ist es vorstellbar, dass die Griechen der Antike mit ihrer ausgeprägten Körperkultur sich nicht auch in vitaler Weise beim Schwimmen und Tauchen im Meer ausgezeichnet hätten?

In keiner Gegend der antiken Welt sind Land und Meer so eng miteinander verschränkt wie in Griechenland und im westlichen Kleinasien mit ihren unzähligen Inseln, Halbinseln, Vorgebirgen und Buchten. Der größte Teil der griechischen Stadtstaaten, nicht nur auf den vielen Inseln, sondern auch auf dem Festland, lag direkt am oder nicht weit vom Meer. Dasselbe gilt für die zahllosen griechischen Städte, die seit früher Zeit an den langen Küsten von Süditalien, Sizilien und im weiteren Raum des westlichen Mittelmeeres gegründet worden waren, so auch Paestum. Die wichtigsten Städte besaßen einen eigenen Hafen oder einen nahe gelegenen Hafen-Ort, viele hatten ein Territorium mit mehr oder minder nahem Kontakt zum Meer. Seit der mythischen Frühzeit waren die Griechen ein Volk kühner Seefahrer gewesen: mit Jason, der auf dem Schiff Argo bis in den Osten des Schwarzen Meeres vordrang, mit dem kollektiven Flottentransport des griechischen Heeres gegen Troia, mit den endlosen Irrfahrten des Odysseus. Sollten die Griechen das Meer tatsächlich nur von den Schiffen für Handel, Krieg und Fischfang gekannt haben? War Schwimmen tatsächlich keine geschätzte Fähigkeit?

Es wäre aufschlussreich, der Entstehung dieses Urteils nachzugehen. Dass es sich um ein Vorurteil handelt, zeigt allein schon ein offenbar bekanntes griechisches Sprichwort. Von einem Menschen, der zu überhaupt nichts imstande war, sagte man: »Er kann weder lesen noch schwimmen«! Beides muss also zum Grundbestand früher Erziehung gehört haben. Platon nennt das Springen in ein Wasserbecken einen Beweis von männlichem Mut, je gekonnter, desto kühner. Trainiertes Tauchen wird pointiert metaphorisch in einem angeblichen Ausspruch des Sokrates zu den Schriften des ›dunklen‹ Philosophen Heraklit vorausgesetzt: Was er davon verstünde, sei ausgezeichnet, was er nicht verstünde, wohl ebenfalls, aber dazu bedürfe es eines delischen Tauchers. Berühmte Taucher waren Skyllis und seine Tochter Hydna, die in den Perserkriegen bei einem Sturm die Ankertaue persischer Schiffe durchschnitten hatten, diese dadurch der Zerstörung preisgegeben hatten und dafür sogar mit Ehrenstatuen in Delphi ausgezeichnet worden waren. Man kann das kaum als artistisches Spezialistentum erklären: Schwimmen und Tauchen müssen verbreitete Fähigkeiten gewesen sein – wie sich zeigen wird, sogar bei Frauen. Später wird von Caesar berichtet, dass er ein guter Schwimmer war. Augustus soll persönlich seine Enkel das Schwimmen gelehrt haben. Und noch Karl der Große betätigte sich demonstrativ als Schwimmer zum Zeichen seiner körperlichen Qualitäten als Herrscher.

Einen konkreten Hinweis gibt der Reiseschriftsteller Pausanias, der berichtet, dass in Hermione auf der Peloponnes bei einem Tempel des Dionysos Melanaigis alljährlich ein musikalischer Wettstreit und Wettkämpfe auf Booten und im Schwimmen veranstaltet würden. Der Beiname, »mit dem schwarzen Fell«, kennzeichnet Dionysos, wie auch in Athen, als Gott der Jugendlichen in der Phase der Adoleszenz, bei den Ritualen des Übergangs in das Alter des erwachsenen Mannes. Mit den Praktiken der Initiation muss auch das Schwimmen und Tauchen zusammenhängen.

Lassen sich Orte finden, an denen man sich die Jugend beim Baden vorstellen kann? Die Aussichten scheinen zunächst schlecht, denn solche Orte an den Meeresküsten müssen vor allem von den Vorgaben der Natur geprägt gewesen sein; wenn Spuren menschlicher Bearbeitung und Gestaltung fehlen, werden die Orte heute kaum mehr zu erkennen sein. Die Bilder zeigen, dass man nicht unbedingt von gebauten Sprungtürmen, sondern auch von steilen Felsen springen konnte: Da sind archäologische Nachweise schwer zu führen. Tatsächlich hat sich aber anscheinend ein solcher Ort erhalten.

Auf Thasos, an der Südküste der Insel, weit von dem städtischen Hauptort entfernt, stürzt die Küste bei der Örtlichkeit Kalami mit einer Felsterrasse in das Meer ab (Abb. 14, 14a). Zum Wasser hin sind in die Felswand Dutzende von Inschriften in Buchstaben des 4. Jahrhunderts v. Chr. eingeschrieben, die mit einem ungewöhnlich reichen Vokabular schöne Epheben preisen: kalós und hōraíos, schön; hēdýs, süß; eúcharis, anmutig; euprósōpos und kalliprósōpos, von schönem Gesicht; euschémōn, von guter Haltung; eúrythmos, von schöner Bewegung; chrysoús, golden; argyroús, silbern glänzend, und so fort. Es sind emphatische Zeugnisse homoerotischer Beziehungen: geschriebene Komplimente erwachsener Liebhaber an ihre favorisierten jungen Geliebten, nicht nur flüchtig ausgesprochen oder aufgeschrieben, sondern in anspruchsvoller Schrift, in aufwändigen technischen Akten des Eingravierens mit Meißel und Hammer zum Ausdruck gebracht. Teils waren die Inschriften von der Terrasse aus zu lesen, teils aber nur vom Wasser aus, mit ihren großen Buchstaben sogar aus einiger Entfernung: also entweder für Insassen von Booten oder für Schwimmer im Meer. Die sorgfältig in den Felsen gehauene Schrift, sicher durch Farbe in ihrer Lesbarkeit verstärkt, lässt erkennen, dass es ein etablierter Adoleszenz-Treffpunkt der höheren Gesellschaft war: ein

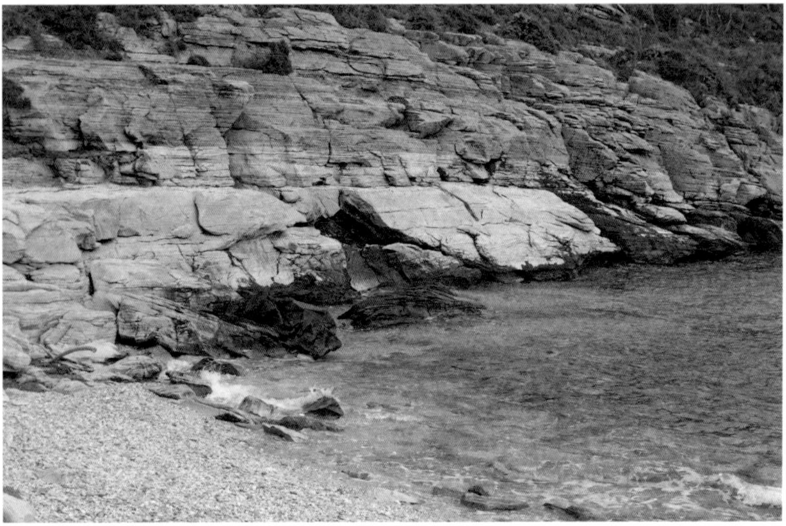

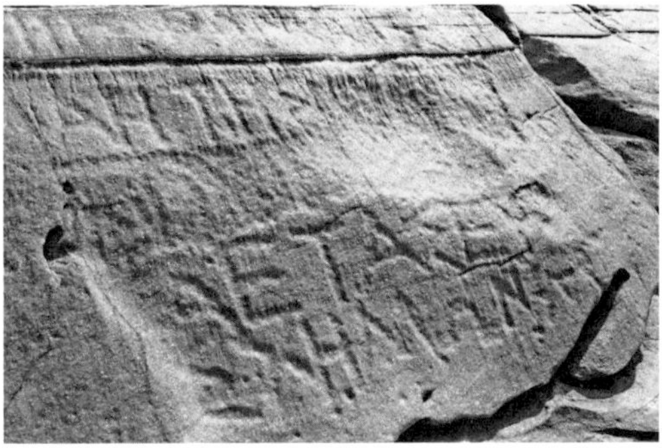

Abb. 14/14a: Thasos, Felsküste bei Kalami, mit Kalos-Inschriften. Um 375–350 v. Chr.

Ort, an dem die städtische Jugend, zusammen mit ihren älteren Bewunderern, sich auf den Klippen am Meer traf, in weiter Distanz zum Zentrum der städtischen Lebensordnung. Die Terrasse bot Raum zur Anknüpfung von Beziehungen, an einzelnen Stellen konnten die Jugendlichen vom steilen Felsen ins Meer springen und die trainierte Eleganz ihrer nackten Körper zeigen, andere konnten mit Booten auf spielerischen Fischfang gehen – und die erwachsenen Liebhaber konnten ihre Zuneigung in Inschriften am Felsen manifestieren. Alles erinnert an die Tomba della caccia e pesca. Es wird sich zeigen, dass dies nicht nur spielerischer Zeitvertreib, sondern eine bezeichnende Situation der antiken Jugendkultur war, in der homoerotische Beziehungen eine starke, heute der Erklärung bedürfende Bedeutung hatten.

Eine andere, aber in mancher Hinsicht vergleichbare Situation findet sich auf der entlegenen Kykladeninsel Pholegandros. Der kleine Hauptort der Insel hatte seine Akropolis auf einer Felskuppe hoch über einem Steilabfall zum Meer. Auf halber Höhe, deutlich außerhalb des Stadtgebietes, öffnete sich der Eingang in eine riesige Höhle (Abb. 15, 15a). Von oben wie vom Meer aus ist sie nur über lange und gefährliche Felsentreppen zu erreichen; dadurch ist sie, trotz der Nähe zur Siedlung, weit abgeschieden von der zivilen Kultur der Polis. Im Inneren der Höhle, voller mächtiger Stalaktiten und Stalagmiten, sind die Wände mit Hunderten von aufgemalten Namens-Dipinti bedeckt. Manche haben den Zusatz »kalós«, wieder also sind es Preis-Inschriften von erwachsenen Liebhabern an ihre jungen Favoriten; und in der Tat ist die Höhle nur von gut trainierten Jugendlichen und Männern zu erreichen, sei es von oben aus der Stadt, sei es von unten nach einer Anfahrt mit Booten. Auch hier muss es sich also um einen Adoleszenz-Treff in homoerotischer Atmosphäre handeln; manche der noch nicht publizierten Funde scheinen auf einen sakralen Charakter des Ortes zu deuten. Auffallend ist dabei, dass die Namen zum Teil Zusätze haben, die ihre fremde Herkunft bezeugen: von Siphnos, Kreta, Rhodos. Offenbar war es ein Treffpunkt mit weitem Einzugsbereich – und bezeichnenderweise nicht in einem Zentrum der Ägäis, sondern an einem Ort der Ferne gelegen: Wer sich nach Pholegandros begab, war an einem Rand der griechischen Welt angekommen. Die Höhle aber, in der man sich traf, war mit ihrer Aussicht völlig auf das Meer ausgerichtet. Das kann wohl nur bedeuten, dass die Jugendlichen sich auch hier mit Springen, Tauchen und Schwimmen präsentiert und ausgezeichnet haben.

Freilich wird es nicht an allen Küsten derart steile Felsen für den Absprung ins Meer gegeben haben. Das führt zurück zu dem turmartigen Bau in dem Grab von Paestum. Die Forschung hat viel darüber gerätselt, hat sich aufgrund des Gemäldes an zeichnerischen Rekonstruktionen versucht, ohne ganz eindeutiges Ergebnis. Auf den ersten Blick scheint ein massiver Bau aus Quadersteinen gemeint zu sein, in der Art der Wachttürme, die vielfach auf den Territorien griechischer Stadtstaaten errichtet wurden. Reste eines solchen Turmes haben sich auf Thasos nahe der Felsküste mit den Inschriften erhalten, jedoch nicht am Meer und darum nicht zum Absprung in das Wasser geeignet. Hier muss es sich wohl um einen Wachtturm handeln, den die Epheben für ihre Aufgabe der Bewachung des Territoriums nutzten. Zudem machen bei einer Erklärung des gemalten Turmes als Quaderbau die senkrecht durchlaufenden Fugen Probleme, die an antiken Steinbauten nicht üblich sind. Alternativ kann man an ein Holzgerüst in der Art von heutigen Hochständen für Jäger denken. Aus schriftlichen Quellen ist bekannt, dass man an den Meeresküsten zum Teil temporäre Aussichtstürme aus Holz errichtete, um das Auftauchen von Schwärmen von Thunfischen zu sichten und den Fischern zu signalisieren. Wenn in dem Bild ein solches »Thynnoskopeion« gemeint wäre, könnte man die Zeichnung als Gerüst aus Holzbalken erklären; dazu könnte die zum Teil gebogene oder schräge Führung der Linien passen. Und die Quersprossen könnten zugleich als Leiter zum Erklimmen des Turmgerüstes dienen. In diesem Fall müsste allerdings die Farbe erklärt werden, die nicht braun wie die Stämme der Bäume, sondern schwarz ist. Eine eindeutige Lösung ist einstweilen nicht in Sicht. Doch wie dem auch sei, jedenfalls zeigen die vorhandenen Zeugnisse, dass es ein ganzes Spektrum von turmartigen Bauten, teils dauerhaft, teils temporär, für verschiedene Funktionen gegeben haben muss. Das Bild in Paestum lässt erkennen, dass der Turm mit der vorkragenden Plattform eigens zum Springen gebaut ist. Es ist sehr unwahrscheinlich, dass ein solcher funktionaler Bau nur für

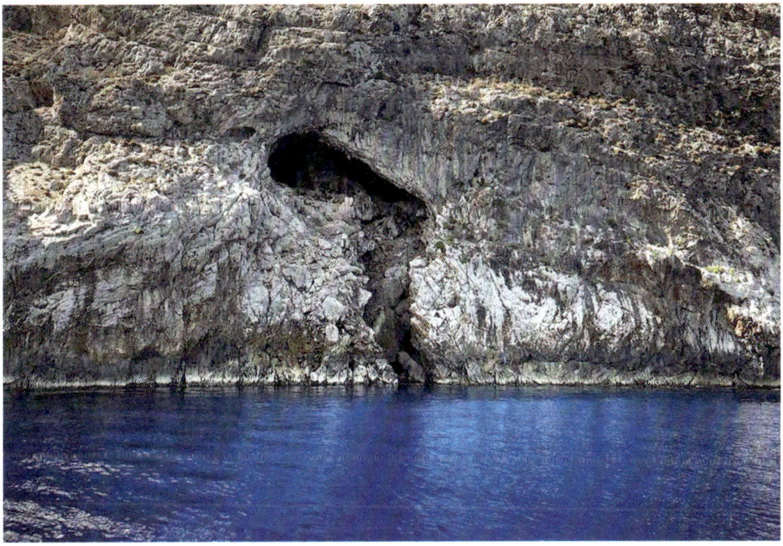

Abb. 15/15a: Pholegandros, Höhle Chrysospilia, mit Besucher-Inschriften.

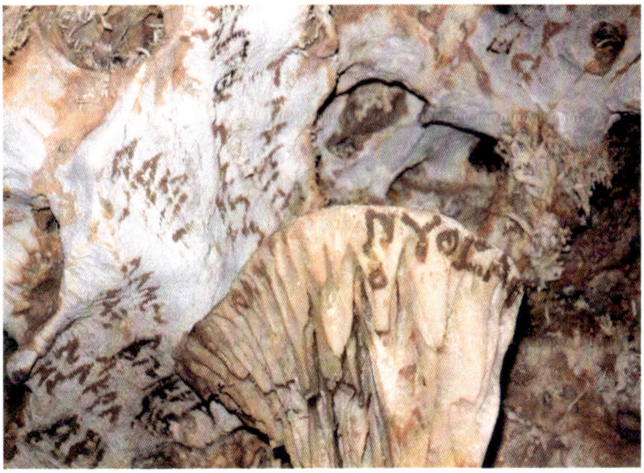

das Bild eines metaphorischen Sprunges in die Seligkeit des Jenseits erfunden worden wäre: Derartige Türme muss es gegeben haben.

Treffpunkte der Jugend mit Felsen oder Türmen zum Sprung ins Meer werden auch an anderen Küsten der griechischen Welt besucht worden sein; wenn die Liebhaber keine Inschriften hinterlassen haben, sind diese Orte heute nicht mehr zu erkennen.

Solche Bräuche haben sich bis heute in verschiedenen Ländern um das Mittelmeer erhalten. Spektakulär ist die Situation in Polignano a Mare an der Küste von Apulien: Vom Ort aus blickt man aus steiler Lage über eine tiefe Bucht hinweg auf ein senkrecht aufsteigendes Felsplateau, von dem die jungen Männer aus der Schwindel erregenden Höhe von 30 Metern ins Meer springen. In neuerer Zeit ist der Brauch kommerzialisiert worden: Red Bull trägt hier die finalen Titelkämpfe der World Cliff Diving Series aus. Weiterhin aber treffen sich während der gesamten Saison die Jugendlichen der Stadt und der Umgebung auf den Felsen zu dieser Mutprobe, die hier die Form eines Männlichkeit-Rituals annimmt. Dabei wird man vorsichtig sein mit der Annahme, dass hier Traditionen aus der Antike lebendig geblieben sind: Viel eher handelt es sich um einen Brauch, der immer wieder entstehen kann, wo Jugendliche an der Schwelle zum Mannesalter die Anerkennung und Bewunderung der Gemeinschaft zu gewinnen suchen. Ähnliche Praktiken werden aus zahlreichen Orten um das Mittelmeer berichtet.

Das Meer ist in solchen Situationen in vielfacher Weise ein Raum der Herausforderung, eine Gegenwelt zum sicheren Land, die zu verschiedensten Bewährungsproben auffordert. In Griechenland wird zum Fest der Theophania, am 6. Januar, der Übergang zum neuen Jahr mit der Übergangsphase der Adoleszenz verbunden. Prozessionen ziehen zum Meer, der leitende Priester wirft ein Kreuz in das Wasser, das dann von Jugendlichen wieder herausgeholt wird: Sie springen auf ein Zeichen vom Ufer ab, und wer es zuerst erreicht und zurückbringt, erringt die Bewunderung der Gemeinschaft und Glück für das ganze Jahr. Die Bewährung hat hier einen anderen Fokus als bei den Felsenspringern: nicht den Mut zum Sprung aus großer Höhe, sondern das schnelle Finden und Zurückbringen eines sakralen Gegenstands aus dem Meer. Aber auch hier geht es primär um die Erprobung von Mut und Leistungsfähigkeit: Das Kreuz wird allein mit dem Ziel in das Wasser geworfen, den Tüchtigsten unter den Jugendlichen zu ermitteln. Das Wasser ist das fremde Element der Herausforderung: für das Kreuz eine Sphäre des Verlusts, für die Schwimmer und Taucher eine Sphäre der Kälte und der schlechten Sicht. Die Jugendlichen stellen sich der Probe und gewinnen damit die Anerkennung der Gemeinschaft.

Auch wenn die neuzeitlichen Bräuche nicht in einer direkten Tradition der Antike stehen, so wird vor allem aus den Befunden von Thasos und Pholegandros deutlich, dass im antiken Griechenland der Sprung ins Meer in einer peripheren Ferne von der Stadt ein realer Brauch der männlichen Jugend war. Wie die Inschriften der beiden Orte zeigen, ging es dabei um mehr als um einen vergnüglichen Zeitvertreib: Es war eine soziale Praxis der Epheben an der Schwelle zum Mannesalter, eine Erprobung von athletischem Körper und männlichem Mut, in der Gemeinschaft mit erwachsenen Männern, die den Jugendlichen erotisch zugetan waren und sie in die Welt der Polisbürger einführten.

Der Kopfsprung vom Turm ins Meer ist die Kulmination einer fundamentalen Lebenssituation: des langen Übergangs von der Kindheit in den Status der Erwachsenen, zusammengezogen in einem einzigen Augenblick. Die ganze vielfältige Erregung, die die Jugendlichen in dieser Phase begleitet, ist in diesem einen Moment enthalten, den viele aus eigener Erfahrung auf dem Sprungturm kennen: Emporzusteigen, ohne schützende Begleitung. Alleine zu stehen in unbekannter Höhe, aus der es kein Zurück gibt. Hinabzuschauen, vielleicht mit leichtem Schwindel. Dann der Entschluss. Atem holen, abspringen, ein ewiger Augenblick des Sturzes. Fliegen und Eintauchen, ohne Boden unter den Füßen. Reine Hingebung an die Sinne, am ganzen Körper die Luft, dann das Wasser, das den Atem und die Wahrnehmung nimmt. Schließlich auftauchen, das Wasser abschütteln und aus den Augen reiben. Auf festen Boden steigen, wieder unter die Menschen treten. Es ist die Grunderfahrung der Jugend im Blick auf das Leben: zwischen Wollen und Zögern, Hochgefühl und Anspannung, oft alles zugleich.

Die physische Verwandlung der Adoleszenz ist zugleich ein

tiefgreifender Wandel der sozialen Rolle. Das ist in den allgemeinen anthropologischen Voraussetzungen menschlicher Kulturen begründet. Im antiken Griechenland, wo Körper und Kultur besonders nah beieinander lagen, war diese Phase von besonderen Spannungen geprägt. Der Wechsel von dem beschützten Leben der Kindheit im Haus der Eltern zu neuen sozialen Lebensformen in eigenen Lebensräumen war einschneidend, denn vieles hing von individuellen Qualitäten ab. Die Erwartungen waren hoch, die Unsicherheiten groß: Zuallererst kam es für die Jugendlichen darauf an, in den Stätten der Athletik, den Gymnasien und Palästren, körperliche Qualitäten und erotische Attraktivität auszubilden und damit zu glänzen: Nur wer die Ideale der ›Kalokagathia‹, der männlichen Kraft und Schönheit, erfüllte, konnte sich im Wettbewerb um gesellschaftliche Aufmerksamkeit behaupten und in das Netz der homoerotischen Beziehungen aufgenommen werden, die das soziale Leben so stark bestimmten – aber würde man wirklich zu den Siegern zählen, Prestige erringen, einen angesehenen Liebhaber finden? Etwas später, nach der Zulassung zu den Symposien, konnte man in die vitale und inspirierte Gemeinschaft der höheren sozialen Kreise eintreten – aber würde man an Witz hervorstechen, würde man bei den Hetären, den weiblichen Gespielinnen, Erfolg haben? Dann konnte man auch an der Volksversammlung teilnehmen und über die Fragen der Politik abstimmen – aber wie würde man zu einem sinnvollen Urteil kommen? Würde man selbst Einfluss ausüben können? Und überhaupt: würde man soziales Ansehen erwerben, später eine Frau von angemessenem Rang gewinnen können? Vieles war offen und ungewiss, und alle standen in derselben Situation.

Dies ist die Situation auf dem Turm. Emporsteigen, Atem anhalten, dann der Sprung, bei dem der Charakter und die psychische Verfassung unverhüllt zu Tage treten. In dem Springer von Paestum triumphieren freudiger Mut und körperliche Eleganz – dann wird er eintauchen in die Sphäre der Unsichtbarkeit und Unheimlichkeit, und schließlich wieder auftauchen im Glanz eines neuen Status. Es ist der strukturelle Dreischritt von einem existentiellen Zustand in einen anderen, mit einer dunklen Zwischenphase, der für viele Riten des Übergangs charakteristisch ist. Und der Sprung ist keine Metapher, sondern die höchste Konzentration des Wandels in einem einzigen vitalen Augenblick.

Der Kopfsprung des Tauchers von Paestum ist oft als Akt der Initiation gedeutet worden. Es ist aber keine Initiation in die Seligkeit des Jenseits, sondern in eine neue Stufe des Lebens in der Gemeinschaft der Bürger.

5.

MÄDCHEN AM MEER: BILDER

Vor kurzem erregten die griechischen Medien Aufsehen mit der Nachricht, dass im Norden des Landes ein Mädchen es bei dem Ritual der Theophania mit den männlichen Jugendlichen aufgenommen und das Kreuz aus dem Wasser geholt hatte. Die Frage, ob eine derartige Aktion im antiken Griechenland möglich gewesen wäre, scheint zunächst abwegig. Es lohnt sich aber, ihr nachzugehen. Von dem Dichter Alkman aus Sparta, der Chorlieder für die Initiationsriten der spartanischen Mädchen geschrieben hat, ist der Titel eines Gedichts *Kolymbōsai*, »Die Schwimmerinnen«, überliefert: Die jungen Mädchen, die dort besonders athletisch erzogen wurden, haben sich offenbar auch im Schwimmen geübt. Ein religiöser Aspekt spielt in Tanagra herein, wo die jungen Frauen vor dem großen Fest des Dionysos zum Meer zogen und sich im Wasser schwimmend einer rituellen Reinigung unterzogen. Wenn sie dabei den Gott um Hilfe gegen die Zudringlichkeit des wilden Meeresdämons Triton, halb Mensch halb Fisch, anriefen, wird wieder der sexuelle Charakter des Schwimmens deutlich.

Eine schwarzfigurige Amphora aus Monte Abetone in Etrurien, aber in Athen hergestellt, um 520–500 v. Chr., schildert eine höchst ungewöhnliche Situation: eine Schar junger Mädchen in einer lebhaften Szene des Badens am Meer (Abb. 16). Auf beiden Seiten wird das Bildfeld von steilen Felsen begrenzt, die oben und

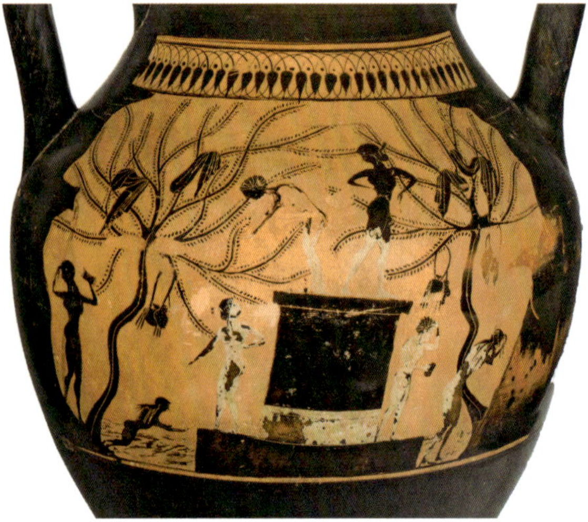

Abb. 16: Mädchen beim Bad in einer Grotte am Meer. Athenische Amphora. Rom, Museo Nazionale Etrusco di Villa Giulia. Um 520–510 v. Chr.

unten zusammengeführt sind: Offenbar geht der Blick aus einer Art Grotte ins Freie. Dort erhebt sich ein blockartiges Podest auf einer flacheren Plattform, gerahmt von zwei Bäumen, die seitlich aus den Felsen herauswachsen; mit ihren reich verzweigten Ästen füllen sie den hellen Luftraum dicht aus. Das erinnert unmittelbar an die Szene in Paestum. In diesem naturhaften Ambiente haben sich sieben Mädchen zum Baden eingefunden. Sie haben, wie die Epheben auf dem Skyphos aus Rhitsona, ihre Gewänder abgelegt und in den Bäumen aufgehängt, daneben hängen ihre Ölgefäße mit Schwamm für die vornehme Körperpflege. Ihre nackten Gestalten wurden von dem Maler zunächst als schwarze Silhouetten angelegt und dann mit weißer Farbe übermalt, die sich nur zum Teil erhalten hat. Die Körper sind zu vollen weiblichen Formen herangewachsen. Zwei der Mädchen, rechts und links, lassen sich von je einem Strahl Wasser überschütten, der über ihnen aus dem Felsen sprudelt. Zwei andere stehen in bewegter Haltung auf der Plattform. Zwei weitere Mädchen sind auf den hohen Block gestiegen, die eine schaut sich nach der anderen um, die gerade zum Kopfsprung in das Wasser ansetzt. Eine siebte schließlich schwimmt bereits im Wasser, dessen flimmernde Wellen mit verdünntem Schwarz wiedergegeben sind.

Die Forschung hat sich nicht immer leicht getan mit der körperlichen Freizügigkeit, in der hier griechische Mädchen in der archaischen Frühzeit dargestellt sind. Sie schienen wenig zu dem Bild der züchtigen Zurückhaltung zu passen, die man dem weiblichen Geschlecht, vor allem der weiblichen Jugend, im antiken Griechenland für angemessen hielt. Im Gegensatz zu den jungen Männern, die in der Bildkunst so unbedenklich in »idealer Nacktheit« vor Augen gestellt wurden – worauf später zurückzukommen sein wird –, war die Darstellung nackter weiblicher Körper tatsächlich stärkeren Einschränkungen der Scham unterworfen. Viele Forscher haben darum das ungewöhnliche Bild auf der Amphora als Szene aus der Sphäre des Mythos gedeutet: als ein Grotten-Heiligtum mit einem Altar, in dem sich mythische Nymphen zum Bad eingefunden haben. Das ist aber wenig plausibel: Die Nutzung eines Altars zum Absprung ins Wasser ist kaum denkbar; die abgelegten Kleider und aufgehängten Utensilien der Körperpflege in den Bäumen, die unbefangenen vergnüglichen Aktionen des Badens und Schwimmens, wären bei halbgöttlichen Wesen sehr überraschend. Alles spricht für eine Szene der Lebenswelt, in einer Grotte am Meer, mit einem Podest zum Abspringen, nicht so hoch wie der Turm des männlichen Springers in dem Grab von Paestum, aber mit ähnlicher Funktion.

Dasselbe gilt für das Bild einer gleichzeitigen rotfigurigen Amphora, in dem vier Mädchen sich am Strand eingefunden und ihre Kleider abgelegt haben (Abb. 17). Eine Säule eines Gebäudes zeigt an, dass es ein architektonisch gestaltetes Heiligtum an der Küste sein muss. Im Zentrum steht eines der Mädchen, mit gelöstem Haar, auf einem Sprungbrett zum Absprung ins Wasser bereit. Eine Gefährtin, mit hochgenommenem Nackenhaar, schwimmt bereits mit ausgreifenden Bewegungen im Meer, in Gesellschaft zweier Fische. Zwei weitere Mädchen schauen ihnen zu: Die eine, mit einer

Athletenhaube auf dem Kopf, gießt sich aus einem kugeligen Gefäß, einem so genannten Aryballos, Öl in die Hand, um sich vor dem Baden zu salben; die andere, ebenfalls mit einer Haube, ist auf dem Weg zurück in das Gebäude. Auch diese Mädchen, mit ihrer funktionalen athletischen Ausrüstung und ihren sportlichen Aktivitäten, sind sicher keine mythischen Nymphen, sondern reale Gestalten des griechischen Lebens.

Ähnliche Situationen werden am Fluss geschildert. Noch früher als die beiden Gefäße aus Athen ist eine verschollene Trinkschale aus Sparta, deren exzeptionelle Qualität in ihrem zerschlagenen Zustand kaum mehr zu erahnen ist: In einem dicht von Bäumen und fruchttragenden Büschen umwachsenen Wasser sind drei nackte Mädchen beim Bad dargestellt, stehend, kniend und kauernd. Wegen ihrer Freizügigkeit, die man im menschlichen Leben für unschicklich hielt, hat man sie als halbgöttliche Nymphen gedeutet. Doch die Nymphen treten meist in homogeneren Gruppen auf, die Schilderung unterschiedlicher Stellungen des Badens deutet wohl

Abb. 17: Mädchen beim Bad am Meer (?). Athenische Amphora. Paris, Musée du Louvre, sog. Andokides-Maler. Um 520 v. Chr.

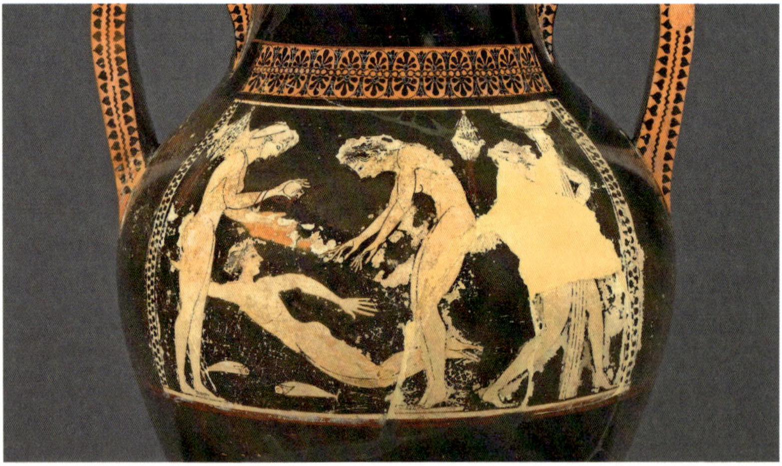

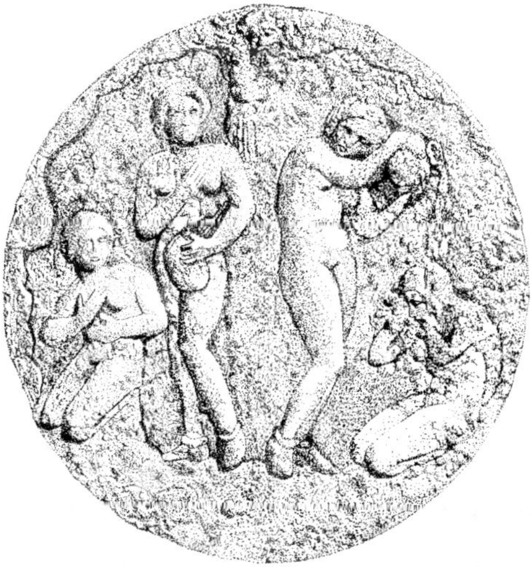

Abb. 18: Mädchen beim Bad am Fluss. Klappspiegel aus Bronze, Deckel. Elis, Archaiologikon Mouseion. Um 300 v. Chr.

eher auf eine Szene der Lebenswelt. Noch deutlicher ist ein Bronzespiegel des späten 4. Jahrhunderts v. Chr. aus einem Frauengrab bei Elis, der im Reliefschmuck des Klappdeckels vier nackte Mädchen beim Baden unter den Augen eines bärtigen Flussgottes zeigt: Eine von ihnen übergießt aus einem Gefäß ihre Gefährtin mit Wasser, zwei andere reinigen ihre Körper (Abb. 18). Auch sie wurden als Nymphen gedeutet, mit Bezug auf ein Heiligtum mit Schwefelquelle in der weiteren Umgebung. Doch das Waschen der Schamgegend mit einem Schwamm und das Tragen von weichen Schuhen weist eindeutig auf menschliche Wesen, wohl Bräute vor der Hochzeit in einem Heiligtum.

6.

MÄDCHEN AM MEER: ORTE?

Kann man sich solche Szenen badender Mädchen in Griechenland vorstellen? Oder sind die Bilder nur der Phantasie entsprungen? Orte mit expliziter Dokumentation durch erotische Inschriften wie die männlichen Adoleszenz-Treffs auf Thasos und Pholegandros sind kaum zu erwarten. Die Körperkultur und die Erotik von Frauen und Mädchen war sehr viel stärker abgeschirmt und hat nie eine derart öffentliche Bedeutung erreicht wie die der Männer. Aber das heißt in keiner Weise, dass es diese Sphäre nicht gab. Lange Zeit hat die Forschung ein Bild der griechischen Frau, oder genauer der griechischen Bürgerin entworfen, das sie auf eine einigermaßen freudlose Rolle begrenzte: als Vorsteherin des Haushalts, als Produzentin von (möglichst männlichem) Nachwuchs und als Erzieherin der Kinder bis zu den frühen Stufen ihrer Jugend, weitgehend gebunden an das eigene Haus – während die Männer ihr erotisches Leben außerhalb des Hauses fanden, in den Stätten der Athletik, Gymnasion und Palästra, mit den Epheben, bei den Symposien mit den Hetären. Dies Bild ist in neuerer Zeit als ein einseitiges Konstrukt der bürgerlichen Wissenschaft des 19. Jahrhunderts erkannt und korrigiert worden: Die Ehefrauen griechischer Polis-Bürger waren sehr wohl einem Ideal der körperlichen Leistungsfähigkeit als auch der erotischen Attraktion verpflichtet. Dazu gehörte auch die athletische Ausbildung in der Zeit der Adoleszenz. In Sparta und anderen Orten wurden Wettbewerbe für Mädchen im Laufen veranstaltet, in Olympia wurden alle vier Jahre zwischen den großen Festspielen der Männer sportliche Wettkämpfe von Mädchen in drei Altersstufen für Hera gefeiert. Das setzte zweifellos ein gewisses vorhergehendes Training voraus.

Für griechische Ehefrauen galten dann gewiss Normen der Zurückhaltung, Gesittung und Unterordnung unter die Verhaltensideale der von den Männern dominierten Gesellschaft. Nach einem bekannten Topos wurde die Hochzeit als Akt der Zähmung eines wilden Fohlens angesehen. Aber das bedeutete auch, dass unter der Oberfläche ein Kern der physischen wie psychischen Vitalität lag, der zugleich gefürchtet und attraktiv war. Zum Ausbruch kommt dies latente Potential weiblicher Eigenständigkeit in Aristophanes' Komödie *Lysistrate*, in der die Frauen den Aufstand gegen die Kriegspolitik der Männer proben und zu diesem Zweck den ehelichen Verkehr verweigern. Die Grundlage zu diesem Selbstbewusstsein wurde in den Praktiken und Ritualen der Adoleszenz gelegt.

In diesem Zusammenhang ist auch das Baden im Meer zu verstehen. Grottenheiligtümer weiblicher Gottheiten mit Gelegenheit zum Baden muss es an verschiedenen Orten gegeben haben. Unmittelbar außerhalb der Stadtmauer von Locri in Calabrien liegt eine Kultgrotte, Grotta Caruso, mit einem Wasserbecken davor, in das Stufen hineinführen. Kleine Modelle aus Terrakotta, die als Votivgaben in dies Heiligtum geweiht worden sind, stellen entsprechende Heiligtümer mit Becken dar. Das Becken der Grotte ist zu klein und flach zum Springen und Schwimmen, aber diente jedenfalls zum Ganzkörper-Baden.

In Athen wurden bekanntlich junge Mädchen der vornehmen Familien für die Zeit des Übergangs zur heiratsfähigen jungen Frau in weit entfernte Heiligtümer der Artemis an den Küsten Attikas geschickt: nach Brauron im Osten und Munichia im Süden, vielleicht noch zu weiteren Orten im attischen Land. Dort umfasste die Vorbereitung auf die Rolle der Ehefrau nicht nur die Einführung

Abb. 19: Nackte Mädchen im rituellen Lauf. Kelchgefäß (Kraterískos). Brauron, Archaiologikon Mouseion. Um 500 v. Chr.

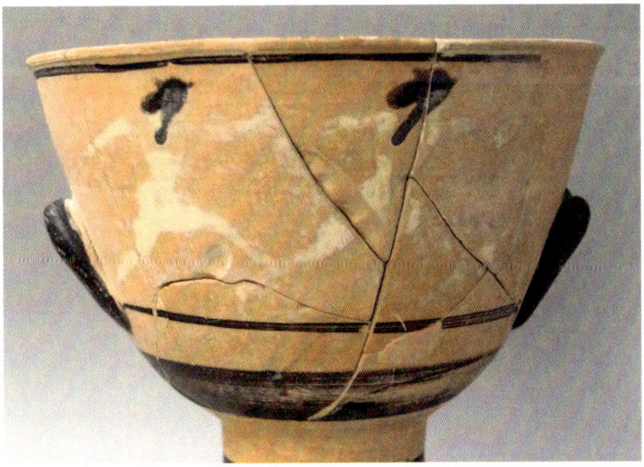

in die Aufgaben der Ehefrau, sondern auch eine Ausbildung körperlicher Qualitäten: Kelchgefäße, die eigens für den Kult hergestellt wurden, zeigen Mädchen verschiedener Altersstufen, teils mit kurzem Gewand, teils ganz nackt, im schnellen Lauf, mit Fackeln und Kränzen in den Händen (Abb. 19). Offenbar ist es ein ritueller Lauf, aber es wäre falsch, Ritus und Athletik voneinander zu trennen: Zweifellos wird hier Beweglichkeit und Schnelligkeit demonstriert, vielleicht sogar als Wettkampf. Auch die Laufwettkämpfe der Mädchen in Olympia, mit kurzem Gewand, das die eine Brust frei ließ. waren zugleich Körperrituale der Initiation in den Status der Heiratsfähigkeit. Die ideale Verbindung von körperlicher Schönheit und Leistungskraft wurde bei Frauen ebenso geschätzt wie bei den Männern. Das führt, wie sich zeigen wird, in einen weiten Horizont der griechischen Jugend-Kultur. Jedenfalls aber scheint es, zumal angesichts der Treffpunkte der männlichen Jugend auf Thasos und Pholegandros, kein Zufall zu sein, dass die Heiligtümer der Ausbildung heranwachsender Mädchen aus Athen nicht nur in großer Distanz zum städtischen Zentrum der Polis, sondern auch an den Küsten des Meeres lagen. In Brauron waren es wenige hundert Meter bis zum Meer, auf das sich an der Küste in Richtung Süden mehrere Felsenhöhlen öffnen. Die schönste, etwas weiter entfernt, aber von Brauron gut zu Fuß erreichbar, liegt an einem gegen Einsicht abgeschlossenen Strand, der heute zu den schönsten Badeplätzen Attikas gezählt wird und den suggestiven – modernen – Namen Erotospiliá, Liebeshöhle, trägt. Die Verlockung ist groß, das Vasenbild mit den badenden Mädchen von dieser oder einer ähnlichen Höhle angeregt zu sehen, wenn auch nicht als dokumentarische Wiedergabe, so doch als konzeptuelle Darstellung. In Munichia lag das Heiligtum direkt am Wasser, auch hier fehlte es nicht an Gelegenheiten zum Baden. Die Vasenbilder lassen vermuten, dass es am Strand zum Teil Installationen gab, Blöcke oder Platten, von denen aus die Mädchen ins Wasser sprangen, ähnlich wie die männlichen Jugendlichen.

Zweifellos unterschieden sich die Bräuche der Mädchen in mancher Hinsicht von denen der Epheben. Man kann annehmen, dass sie sich nicht so offen auf freien Felsen präsentierten wie auf Thasos, sondern sich eher in geschützten Grotten wie jene auf der schwarzfigurigen Amphora aufhielten. Auch lassen die Bilder vermuten, dass Mädchen sich gewöhnlich nicht aus so großer Höhe ins Wasser stürzten und sich nicht mit dem Fangen von Fischen vergnügten. Darüber hinaus kann die rotfigurige Amphora darauf deuten, dass Mädchen vor allem im Umkreis von Heiligtümern wie Brauron oder Munichia zum Schwimmen gingen, wohl im Zusammenhang mit rituellen Praktiken des Übergangs von der Kindheit in das Alter der Heiratsfähigkeit. Immerhin aber soll der berühmte Taucher Skyllis seine Tochter Hydna so weit im Schwimmen und Tauchen trainiert haben, dass sie mit ihm zusammen einen Sabotageakt gegen die Flotte des Xerxes ausführte. Dabei hebt Pausanias andererseits hervor, dass das Eintauchen ins Meer ein Brauch unberührter junger Frauen sei: Das weist wieder auf die Situation der Initiation hin. Darum ist es wohl allgemein verfehlt, wenn in der Forschung zum Teil ein grundsätzlicher Unterschied zwischen einem sportlich-agonalen Schwimmen der Männer und einem religiös-sakralen Ritus der Mädchen gemacht wird. Auch die Stätten des Trainings und der Wettbewerbe der Männer waren bekanntlich immer mit großen Heiligtümern verbunden. Eine Trennung von Ritual und Lebenspraxis geht grundsätzlich am Charakter religiöser Rituale der Antike vorbei: Rituale dienten dem Leben: Körperliche Kraft und Beweglichkeit wurden auch von den jungen Ehefrauen erwartet. Andererseits ist es wohl nicht auszuschließen, dass auch die Treffpunkte der jungen Männer wie auf Thasos und Pholegandros sakralen Charakter hatten.

Insgesamt sind die vergleichbaren Züge der Praktiken nicht zu übersehen: Wie die jungen Männer gingen auch die Mädchen vor dem Eintritt in das Alter der erwachsenen Frau durch eine Phase der Distanz zur städtischen Ordnung, in peripheren Zonen der Natur, wo sie nicht nur kulturell, sondern auch körperlich in die neue Altersstufe hineinwuchsen. Dabei spielte auch bei ihnen das Meer eine wichtige Rolle.

7.

ALTERSSTUFEN UND LEBENSRÄUME

Die sozialen Praktiken und Rituale des Übergangs vom Kind zum Erwachsenen, die hier erkennbar werden, gehörten in ein umfassendes Konzept der Lebensstufen, das – mit gewissen Veränderungen – von der griechischen Frühzeit bis in die römische Kaiserzeit in Geltung blieb. Dabei ist es bezeichnend, dass die Struktur der Lebensalter mit einer Struktur der Lebensräume zusammenging (Abb. 20, 21). Das Meer mit seinen Küsten war ein Teil dieser Ordnung der Lebensräume und Altersstufen: eine ferne Gegenwelt zur Ordnung der Städte, ein Raum der Jugendlichen, die für eine gewisse Zeit aus der Gemeinschaft ausstiegen, um dann in neuer Rolle in die Gemeinschaft zurückzukehren.

ALTERSSTUFEN: JUGEND. Die Lebensläufe der Männer gliederten sich in Stufen mit klaren sozialen Rollen. Im Einzelnen variierte hier vieles von einer Stadt und Region zur anderen, doch grundsätzlich waren die Konzepte ähnlich. Die Knaben (pais / Plural paides) verbrachten die erste Phase der Kindheit und frühen Jugend im Haus der Eltern, zuerst vor allem in der Obhut der Mutter, bis zum Alter von etwa 16–17 Jahren. Darauf folgte eine Zeit der Adoleszenz, als Jugendliche (éphēbos / épheboi) von etwa 18–20 Jahren,

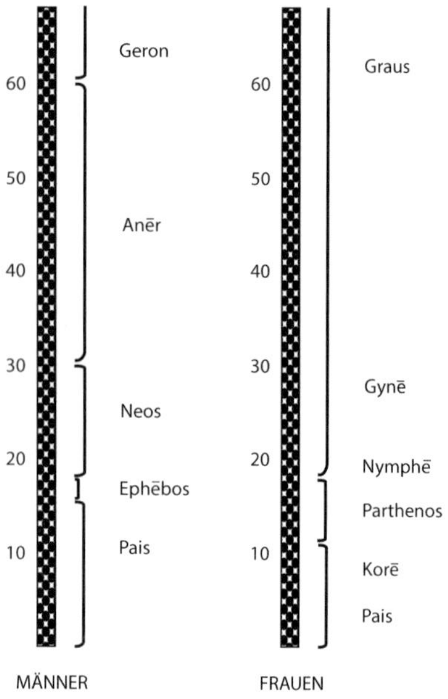

Abb. 20: Altersstufen griechischer Männer und Frauen, Schema.

als Übergang in das Alter der Erwachsenen, den sie zum Teil in Bereichen außerhalb der Stadt vollzogen. Danach wurden sie mit 20 Jahren als Jung-Bürger (neos / neoi) in die Gemeinschaft der Polis aufgenommen, blieben jedoch Mitglied der väterlichen Familie. In dieser Phase von etwa 10 Jahren nahmen sie mit Stimmrecht an der Volksversammlung teil und zogen als Jung-Krieger in die zahlreichen Kriege, die die Stadt führte. Mit etwa 30 Jahren traten sie in das volle Alter des Mannes (anēr / ándres) ein. Sie heirateten, gründeten eine Familie mit eigenem Hausstand und wurden berechtigt, öffentliche Ämter zu übernehmen. Schließlich, im Alter von etwa 60 Jahren, zogen sie sich als Greise (gérōn / gérontes) auf das Altenteil zurück. Bei den Frauen war das Leben ähnlich gegliedert, jedoch mit früheren Zäsuren, die weniger institutionell fixiert, sondern mehr an Rollen in der Familie orientiert waren: die kindlichen Mädchen (kórē / kórai), bis zu 10–12 Jahren; die geschlechtsreifen, attraktiven Mädchen (parthénos / parthénoi), von etwa 12–14 Jahren; die Bräute (nýmphe / nýmphai), vor und nach der Hochzeit und der Überführung in den Haushalt des Ehemannes, mit etwa 14–15 Jahren; die erwachsenen Frauen (gynē / gynaikes), Mütter und Leiterinnen des Hausstandes; schließlich die alten Frauen und Großmütter auf dem Altenteil (graus / grāes).

In diesen konzeptuellen Lebensläufen waren vor allem die Phasen des Übergangs vom Knaben zum Mann und vom Mädchen zur Frau von größter sozialer Bedeutung: Dabei ging es um die Einführung der Jugendlichen in die Rollen und die Verantwortung als erwachsene Mitglieder der Gemeinschaft. Besonders ausgeprägt waren die Praktiken und Riten der Adoleszenz, des éphēbos und der parthénos, in der die angehenden männlichen und weiblichen Mitglieder der Polis aus der Schutzzone der städtischen Gemeinschaft hinaustraten, sich in der Welt des Draußen den Herausforderungen des Lebens stellen und sich dort bewähren mussten, um danach in die Stadt zurückzukehren und in den vollen Status der Erwachse-

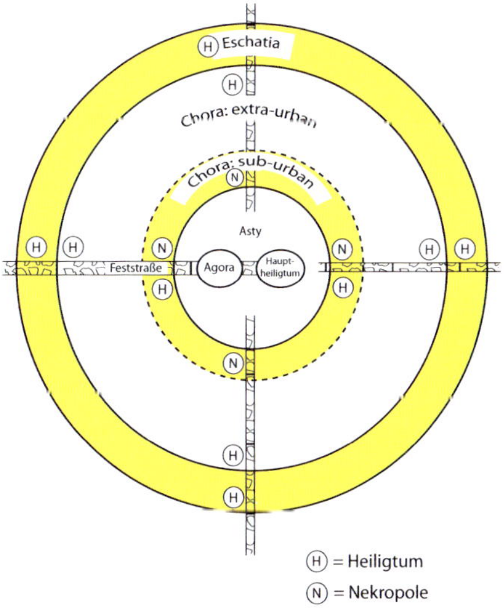

Abb. 21: Raumstruktur der griechischen Polis, Schema.

nen einzutreten. Zugrunde liegt dem eine Grundsituation menschlicher Kultur: die Stadt als Raum der menschlichen Ordnung gegenüber der wilden Natur als Raum der Bedrohung. Noch Platon sagt, die Menschen der Frühzeit hätten die Städte zum Schutz gegen wilde Tiere gegründet. Und an vielen Orten wurde erzählt, dass die Gegend lange Zeit von einem wilden Löwen oder Eber bedroht worden sei, bis ein Held das Untier besiegt und danach die Stadt gegründet habe, zunächst durch Errichtung einer Stadtmauer. Frühe Städte müssen als Inseln der menschlichen Ordnung in der Wildnis der Natur betrachtet worden sein. Die jungen Männer, die die Lebenskraft der städtischen Gemeinschaft bilden sollten, mussten sich in dieser Gegenwelt behaupten und sollten aus dieser Bewährung die körperlichen und ethischen Kräfte gewinnen, die sie dann später für die Lebensordnung der Gemeinschaft einsetzen sollten.

Die Prüfungen waren zum Teil hart, besonders in Sparta. Dort mussten die Epheben lernen, sich in dem weiten Territorium durch Stehlen die Nahrung zu sichern und Mordterror unter der unterworfenen Landbevölkerung zu verbreiten. In Kreta war es etablierter Brauch, dass die Epheben von einem erwachsenen Liebhaber in die Berge entführt wurden, wo sie zwei Monate lang zusammen lebten, sich von den Produkten der Natur ernährten und sich auf die Anforderungen des Krieges vorbereiteten. Die homoerotischen Aspekte dieser Verbindungen hatten eine prägende gesellschaftliche Funktion: Die Epheben sollten in der Gemeinschaft mit einem erwachsenen Gefährten, der zugleich Partner und Vorbild war, die Kräfte ihres männlichen Körpers kennen lernen und in die Verhaltensformen der volljährigen Männer eingeführt werden. Dabei war man sich sehr wohl der Gefahren und Risiken homosexueller Erotik in frühem Alter bewusst: Es gab streng kontrollierte Normen des gebührenden Verhaltens: Bedrängende Übergriffe auf den jüngeren Partner wurden hart geahndet. Am Ende dieser Zeit machte auf Kreta der ältere Liebhaber dem jüngeren drei symbolische Geschenke für seine künftige Rolle als Mitglied der Gemeinschaft:

einen Becher für das Gelage der Männer, ein prachtvolles Gewand für die Teilnahme an den öffentlichen Festen und ein Opfertier für den gemeinschaftlichen Götterkult. In ähnlicher Form müssen die Jugendlichen auch in anderen Stadtstaaten diese Lebensphase als Umherstreifende, perípoloi, und »schwarze Jäger« in der freien Natur mit Fangen von Kleintieren und Sammeln von Kräutern verbracht haben: Die Ausbildung der Epheben für den Eintritt in die Welt der erwachsenen Männer war überall eine zentrale Aufgabe. Und auch anderenorts war dabei die Führung der Jugendlichen durch erwachsene Männer in homoerotischen Verbindungen von entscheidender Bedeutung. Grundsätzlich war diese Form der Homoerotik keine einseitige sexuelle Disposition, sondern ging in aller Regel mit heterosexueller Einstellung zu Ehe und Familie zusammen.

Im Lauf der archaischen Zeit, vom 8. bis 6. Jahrhundert v. Chr., als die Polis-Gemeinschaften sich zunehmend konsolidierten und ihre sozialen Praktiken verfeinerten und differenzierten, wurden die Bräuche des Lebens außerhalb der städtischen Räume in komplexere kulturelle Formen transformiert. Die Ausbildung der körperlichen Kräfte wurde in die athletischen Übungen mit zielgerichtetem Training und festen Regeln überführt, die in den Wettkämpfen bei den großen Götterfesten kulminierten. Und das freie Umherschweifen in der Natur wurde in edleren Formen der Jagd betrieben, sei es zu Pferd mit der Lanze oder im schnellen Lauf mit geschickten Händen. Die Epheben der archaischen Aristokratie waren die urbanen Erben der »schwarzen Jäger« der Frühzeit.

LEBENSRÄUME: JUNGE MÄNNER. Im Zug dieser Konsolidierung der sozialen Kultur und der sozialen Räume entwickelten sich außerhalb der städtischen Siedlungen konzentrische kulturelle Zonen von unterschiedlichem Charakter (Abb. 21, 22). Unmittelbar um die Stadt zog sich eine periurbane Zone, die ein ländliches ›Draußen‹ gegenüber dem städtischen ›Drinnen‹ darstellte. Sie

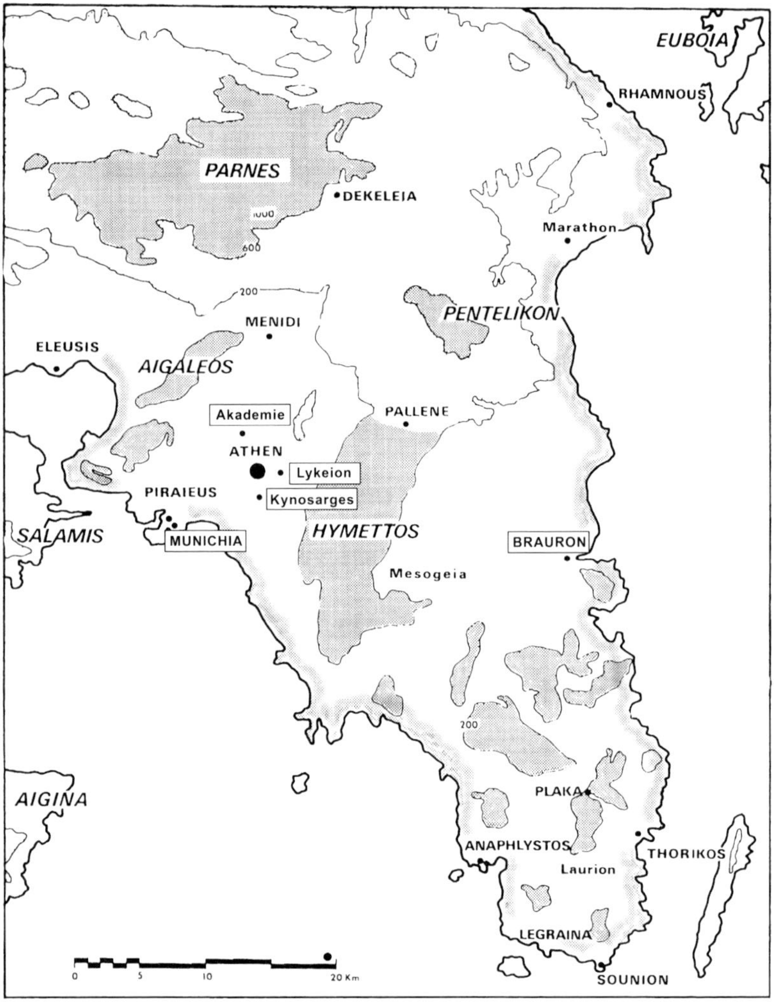

Abb. 22: Attika, Plan. Gymnasien Athens und Heiligtümer der Artemis in Brauron und Munichia. Dunkel: Berge und Küsten.

war geprägt durch Heiligtümer mit Bezug zur Landschaft, deren Kulte in enger Verbindung zu innerstädtischen Kultstätten standen; und durch die Grabbezirke entlang der Ausfallstraßen, in denen die städtische Gemeinschaft sich ihre Toten präsent hielt. Darum herum erstreckte sich die mehr oder minder weite Chora, das Ackerland, mit Gehöften und kleineren ländlichen Siedlungen, die die Lebensgrundlage der Polis bildete. Diese agrarische Zone war wiederum begrenzt durch die unkultivierten Randzonen der Eschatiá, der Berge und Wälder, bzw. der Meeresküste. Selbstverständlich ist diese Gliederung der Lebensräume ein Modell, das in der Realität der griechischen Stadtstaaten nicht in dieser Klarheit Gestalt gefunden hat: Die Randzonen, insbesondere die Küsten, umfassten auch Siedlungen und Kulturland, und Bereiche von unkultivierten Bergen befanden sich auch im Binnenland; aber das konzeptuelle Modell der Räume hat die kulturellen Vorstellungen und Handlungen stark geprägt.

Von diesen drei Bereichen war nicht nur die ferne wilde Eschatiá, sondern auch die stadtnahe periurbane Zone ein Terrain, in dem die städtische Jugend eine exterritoriale Lebenssphäre fand. Es sind zwei Zonen des kulturellen und sozialen Draußen.

In der peri-urbanen Zone, in erreichbarer Nähe vor den Toren der Stadt, wurden seit dem 6. Jahrhundert v. Chr. die Gymnasien als Stätten der athletischen Kultur begründet und dann immer reicher ausgebaut. In Athen gab es drei solcher Stätten: die Akademie im Norden, das Lykeion im Osten und den Kynosarges im Südosten. Dies war eine Konstellation von außerstädtischen Orten nicht nur der männlichen Körperkultur, sondern bekanntlich auch der homoerotischen Beziehungen. Seit früher Zeit wurden die athletischen Übungen und Wettkämpfe bekanntlich mit nacktem Körper ausgetragen, weil es dabei nicht nur um Höchstleistungen und Sieg, sondern in einem weiten Sinn um die Ausbildung eines leistungsfähigen und ansehnlichen Körpers der angehenden jungen Bürger ging. Darum waren die athletischen Stätten auch die Orte, an denen die jungen Athleten die Bewunderung erwachsener Liebhaber fanden. In Athen gab es in dem ältesten Gymnasion, der Akademie, ein Heiligtum des Eros; in einem zweiten Gymnasion, dem Lykeion, stand seit spätklassischer Zeit ein berühmtes Standbild des Apollon, des Schützers der männlichen Jugend, der seinen jugendschönen Körper demonstrativ der Bewunderung preisgab. Auf der Insel Thera wurde das alte Gymnasion vor der Stadt von einer Mauer begrenzt, in die seit dem 6. Jahrhundert v. Chr. männliche Liebhaber bis in große Höhe Preis-Inschriften für ihre favorisierten Epheben einritzten. Nicht zuletzt bezeugt eine große Zahl von Vasenbildern aus Athen, dass die athletischen Stätten Schauplätze für jugendliche Körperlichkeit waren, kulminierend in den Jahrzehnten um 500 v. Chr., in der Generation des Tauchers von Paestum. Die Bilder schildern in großer Lebendigkeit, wie die Jugendlichen sich entklei-

Abb. 23: Junge Athleten beim Training in der Palästra. Athenischer Kelchkrater, Maler Euphronios. Berlin, Staatliche Museen, Antikensammlung. Um 510–500 v. Chr.

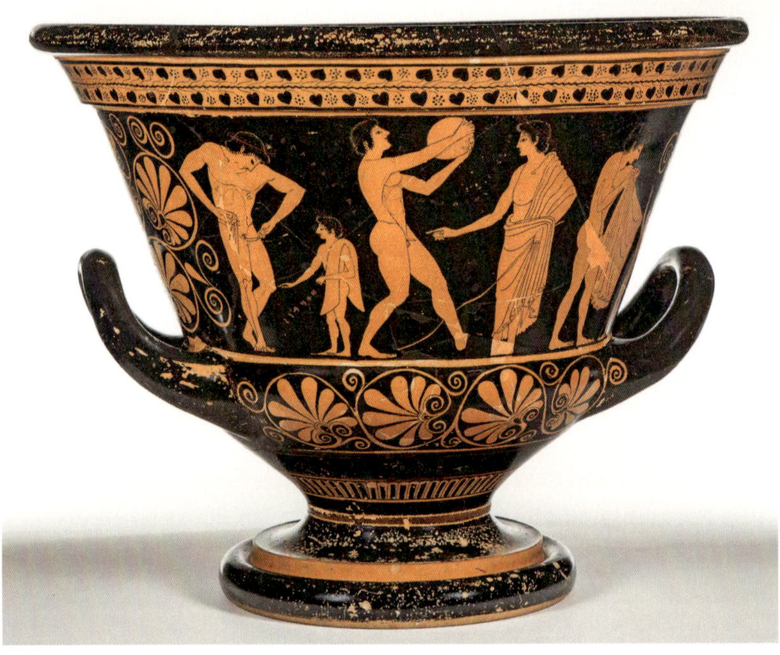

den, das Geschlechtsglied aufbinden, sich vor dem jungen Trainer im Diskuswurf üben und dabei ihre Körper in den verschiedensten Stellungen und Ansichten präsentieren (Abb. 23). In den Gymnasien jenseits der Stadt wurden die erotischen Verbindungen geschlossen, die die Gemeinschaft der Männer zusammenhielten.

Daneben gab es auch Orte in der freien Natur, anscheinend ohne Funktionen als Sportstätten oder Heiligtümer, an denen die männliche Jugend sich traf und Ziel der bewundernden Blicke erwachsener Liebhaber wurde. Vor den Mauern der Stadt Karthaia auf der Insel Keos findet sich im abfallenden Gelände ein Felsen, auf dem zahlreiche Inschriften zum Preis begehrter Epheben eingeritzt sind: heute schwer zu lesen, aber von früheren Besuchern gut dokumentiert. Was die städtische Jugend hier genau getrieben hat, ist nicht mehr zu erkennen, aber jedenfalls muss es ein Ort gewesen sein, an dem man außerhalb der Stadt unter seinesgleichen war.

Dagegen war die Eschatiá, die Randzone der Territorien, weiterhin eine Gegenwelt der unzivilisierten Natur. Sie war weniger von Regeln beherrscht als die Gymnasien, ein Raum der freien Bewegung, aber doch auch ein Bereich der körperlichen und ethischen Bewährung, vor allem bei der Jagd. Die ideellen Anforderungen an die Jagd werden am deutlichsten von Platon ausgesprochen: Unter den verschiedenen Formen der Jagd sei die mit technischen Hilfsmitteln, wie Netzen und Schlingen, minderwertig; wenn den Jägern an ›göttlicher Tapferkeit‹ gelegen sei, komme nur die Jagd »mit den eigenen Körpern«, »mit Hieb und Wurf«, also mit Schwert oder Lanze, in Frage. Es geht um Qualitäten der Männlichkeit im direkten Einsatz des Körpers. Damit wird zugleich sozialer Rang begründet: In Makedonien musste ein junger Mann der Oberschicht erst einen Eber mit der Lanze – also ohne Netz – erledigt haben, um beim Symposion der Männer auf dem Gelagebett liegend teilnehmen zu dürfen. Hochrangige Anwärter, die diese Probe nicht erbracht hatten, mussten lange auf die volle Anerkennung ihres Status als erwachsene Männer warten.

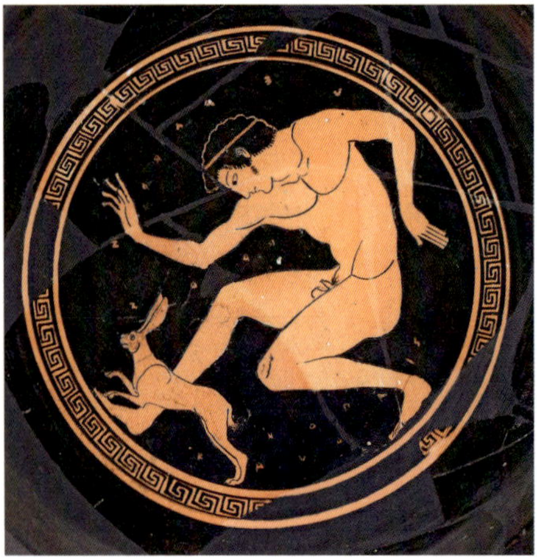

Abb. 24: Ephebe auf Hasen-Fang. Athenische Trinkschale (Kylix). London, British Museum. Um 500 v. Chr.

Auch die Jagd nahm mehr und mehr Züge einer erotischen Praxis an. Auf den Vasen werden die Jäger immer wieder in einer geradezu übermütigen Inszenierung jugendschöner Körper gefeiert. Die Epheben machen nicht nur als Reiter auf edlen Pferden Jagd auf schnellfüßige Hirsche, sondern fangen auch in vollem Lauf Hasen und junge Rehe ein (Abb. 24). Die Bilder schildern höchste bewegliche Agilität, gewissermaßen reine Körperlichkeit. Die erbeuteten Jung- und Kleintiere aber führen wieder in die Sphäre der erotischen Männerbeziehungen, denn Hasen und junge Rehe wurden vielfach zwischen den Liebhabern und ihren jungen Geliebten als Geschenke ausgetauscht.

Zu dieser fernen Welt gehörten auch das Meer und seine Küsten, mit ihren Herausforderungen und ihren Vergnügungen.

LEBENSRÄUME: MÄDCHEN, BRÄUTE. Auch für die jungen Mädchen gab es in der peri-urbanen Zone einen Ort des ›nahen Draußen‹: die Quellen und Brunnenhäuser vor der Stadt. In Athen war die Quelle Kallirhoe, auch Enneakrounos genannt, am Fluss Ilissos die berühmteste Wasserstelle, die wohl unter der ›Tyrannen‹-Herrschaft der Peisistratiden mit einem prächtigen Brunnenhaus ausgestattet wurde. Das Einholen des Wassers war, jedenfalls für den Gebrauch bei Festen und Ritualen, auch in Familien der Oberschicht, eine Aufgabe der jungen Töchter. Eine große Gruppe von schwarzfigurig bemalten Wassergefäßen (Hydrien) zeigt Szenen von vornehmen Mädchen, die in eleganter Kleidung mit solchen Hydrien zum Brunnenhaus kommen, dort die Gefäße füllen und sie wieder in anmutig aufrechter Haltung nach Hause forttragen (Abb. 25). Sie gleichen den glanzvollen Standbildern der jungen Mädchen, der so genannten Koren, die zu dieser Zeit auf der Akropolis von Athen geweiht wurden, als ideale Bilder heiratsfähiger junger Töchter. Völlig zu Unrecht hat man daran gezweifelt, dass diese Szenen sich auf reale Situationen des sozialen Lebens beziehen. Schon im Troianischen Krieg war die Königstochter Polyxena aus der Stadt hinaus ins Freie zur Quelle gegangen, um

Abb. 25: Mädchen am Brunnenhaus. Athenisches Wassergefäß (Hydria). Würzburg, Martin von Wagner Museum der Universität. Um 520–510 v. Chr.

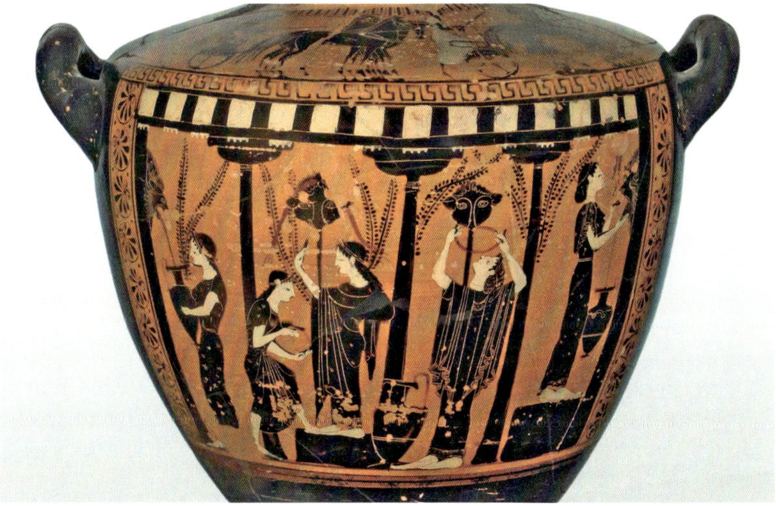

Wasser zu holen, zusammen mit ihrem Bruder Troilos, im Alter des Epheben, der dort seine Pferde tränken wollte. Die Quelle war ein Ort außerhalb des kontrollierten städtischen Raumes, der einzige, an dem heiratsfähige Mädchen zusammenkommen und sich – in begrenztem Maß – exponieren konnten: vor allem vor den Blicken von jungen Freiern, die auf Brautsuche waren. Der Dichter Theognis lässt einen jungen Mann, dessen geliebtes Mädchen von ihren Eltern einem anderen gegeben wurde, bewegend davon sprechen, wie sie nun seufzend zum Brunnen geht, dort wo er sie früher getroffen, »den Arm um sie gelegt und den Nacken liebkost« hatte. Da es aber eine exponierte Situation außerhalb der Stadt war, mussten die Mädchen auch auf manche anderen Passanten, auch aus der Fremde, gefasst sein, die hier vorbeikamen und ein Auge oder auch mehr riskierten. Und dann gingen die Phantasien in den Bildern auch leicht noch weiter: Eine Hydria zeigt ein Mädchen beim Füllen ihres Gefäßes am Brunnenhaus, bei dem sich plötzlich eine riesige Schlange aufbäumt – und kein Geringerer als Herakles eilt herbei, um das Mädchen zu retten. Der ›Brunnen vor dem Tore‹ war ein ungesicherter Raum, in dem die Mädchen sich dem ambivalenten Spiel des Eros mit allen seinen Risiken aussetzten – bevor sie als Bräute und Ehefrauen wieder ihren festen sozialen Platz erhielten. Noch weiter sind solche Vorstellungen in einem Vasenbild gesteigert, das ein Mädchen mit einem Wassergefäß in der Wildnis zeigt, wo sie von dem Bocksgott Pan beobachtet wird. Der Übergang zur heiratsfähigen Frau findet hier in einem Raum der reinen ungeschützten Natur statt.

Andere vorstädtische Orte, an denen Mädchen sich eingefunden haben könnten, bleiben unsicher. Man muss wohl davon ausgehen, dass die Teilnehmerinnen an athletischen Wettkämpfen, wie in Olympia, sich durch ein gewisses Training darauf vorbereiteten. Vasenbilder des 5. Jahrhunderts v.Chr. scheinen auf athletische Ausbildung von Mädchen hinzuweisen, allerdings nicht so sehr auf Wettkampf als auf körperliche Attraktivität orientiert.; in hellenistischer Zeit bezeugen Inschriften die Benutzung von Gymnasien durch weibliche Besucher an bestimmten Tagen. Doch wie weit das verbreitet und unter welchen Bedingungen das möglich war, lässt sich kaum erkennen. Wenn es zuträfe, dann wären auch dies erotisch sensible Situationen außerhalb der Stadt.

Die fernen Randzonen der Territorien griechischer Städte waren für die Mädchen sehr viel exponierter als für die Epheben. Auch dort waren sie präsent, allerdings wohl nicht an so ungeschützten Orten wie an den Küstenfelsen von Thasos. Die Heiligtümer von Brauron und Munichia, ebenso wie andere Heiligtümer der Artemis in weiter Ferne am Meer gelegen, boten einen sicheren Schutz. Doch immerhin deuten die Bilder der Vasen darauf hin, dass die Mädchen im Umkreis der Heiligtümer Orte an der Küste hatten, an denen sie sich dem Meer aussetzten und hingaben. Dort, im Schutz der Grotte und in der geschlossenen Gemeinschaft ihrer weiblichen Altersgruppe, konnten sie eine Kultur des natürlichen Körpers entfalten, die in diametralem Gegensatz zu ihren vornehm gestylten Rollen an den Brunnenhäusern stand.

Die Räume in der peri-urbanen Zone nahe der Stadt und in der fernen Eschatiá ergänzten einander. Die Stätten der Gymnasien und der Brunnenhäuser waren institutionalisierte Räume, in denen jugendliche Männer und Mädchen kurzfristig aus der kontrollierten Ordnung der städtischen Gemeinschaft heraustraten und sich für soziale und erotische Verbindungen offen hielten. Die Randzonen der Berge, Wälder und Meeresküsten waren dagegen eine Welt der freien Natur, in der die Jugendlichen eine mehr oder minder ausgedehnte Lebensphase der Adoleszenz verbrachten und den Wandel in das Alter der Erwachsenen vollzogen.

8.

MYTHISCHE HELDEN UND MÄDCHEN IN DER WILDNIS UND AM MEER

Dieselben Strukturen der Lebenszeiten und dieselben Rollen der sozialen Altersstufen liegen den Mythen der großen Helden und Heldinnen der griechischen Vorzeit zugrunde. Die Mythen der Griechen sind keine frei erfundenen Märchen für Kinder und andere gutgläubige Zuhörer, auch keine symbolischen Verschlüsselungen ethischer, psychologischer oder anthropologischer Weisheiten, sondern große Geschichten aus der Frühzeit, von Göttern und Helden und ihren Taten und Schicksalen, die man sich über Jahrhunderte zur Orientierung im eigenen Leben und in der eigenen Welt erzählte und in den eigenen Diskursen als Muster für vorbildliches, ambivalentes oder unrechtes Verhalten zitierte. Die Mythen sind zwar aus heutiger Sicht keine reale Geschichte, sie wurden aber in der Antike als wirkliche Vorgänge und Ereignisse angesehen, die von den Anfängen der Welt bis zur Gründung der eigenen Lebenskultur handelten. Und weil die Mythen ihre Geltung als eine ›fundierende‹ Wirklichkeit der eigenen Frühzeit hatten, waren sie von Vorstellungen geprägt, die durch alle Zeiten bis in die eigene Gegenwart Geltung hatten. An den großen Figuren der Mythen, an Herakles, Oidipous und den Helden des Troianischen Krieges, wurden Grundsituationen der menschlichen Existenz und Grundfragen des menschlichen Verhaltens ausgelotet, die in der Sicht der Griechen zeitlos waren. Das war aber nur möglich, wenn aus der Sicht der Griechen selbst die Grundstrukturen der Lebenskultur von der mythischen Frühzeit an dieselben geblieben waren. Die Helden der mythischen Zeit waren ›größer‹ und mächtiger als die Menschen der Gegenwart, ihre Taten und Verfehlungen waren gewaltiger, ihre Schicksale ungeheuerlicher, aber ihre Welt war nicht grundsätzlich verschieden von der der eigenen Zeit. Das gilt auch für die Stufen der Lebensalter und die darin begründeten sozialen Rollen, vor allem auch für die Phase der Adoleszenz, mit ihren hochgespannten Anforderungen, Möglichkeiten und Erwartungen.

Alle großen Helden der mythischen Frühzeit verbrachten eine formative Phase ihrer Jugend an Orten der freien Natur, in der Eschatiá, weitab von den städtischen Lebensformen – bis sie dann in die Gemeinschaft der Menschen zurückkehrten und dort in die Rolle des erwachsenen Jung-Helden eintraten, die schließlich zur Hochzeit und zur Herrschaft als König führen sollte. Das entsprach, in den größeren Dimensionen des Mythos, der ›wilden‹ Phase der Epheben zwischen Kindheit und Mannesalter, wie sie in historischer Zeit aus Sparta und Kreta bekannt ist, gefolgt von den Phasen des Jung-Bürgers und des Trägers von Verantwortung in Familie und Staat. Die Helden der Frühzeit sind mythische Epheben und Jung-Krieger. Die Orte ihrer ersten Initiation waren vor allem die fernen Berge, von denen hier zunächst die Rede sein wird – daneben aber auch die entlegenen Küsten des Meeres, die in diesem Zusammenhang verständlich werden.

JUNGE HELDEN IN DER WILDNIS. Die berühmteste Stätte der Erziehung mythischer Helden war das Pelion-Gebirge im Norden Griechenlands, wo der Kentaur Chiron die Rolle des weisen Erziehers ausübte. Der Königssohn Iason, dessen Vater von seinem Bruder aus der Herrschaft über die Stadt Iolkos vertrieben worden

Abb. 26: Peleus bringt Achill zu Chiron. Athenisches Weingefäß (Stamnos). Paris, Musée du Louvre. Um 470 v. Chr.

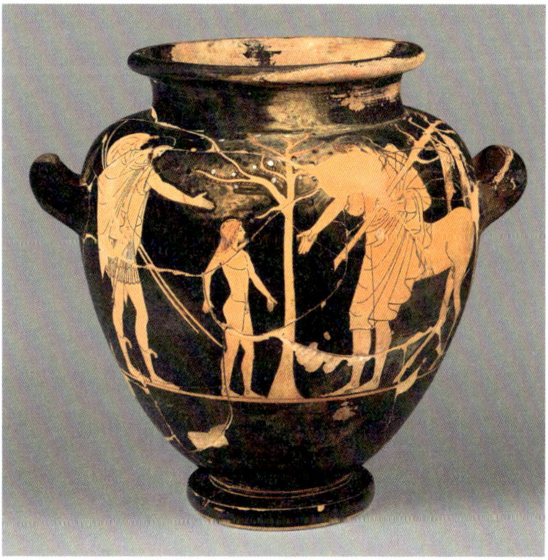

war, wurde als Knabe und Ephebe in die Obhut des Chiron gegeben. Als er das Mannesalter erreicht hatte, mit 20 Jahren, kehrte er in die Stadt zurück und forderte sein Recht auf den Königsthron ein. Er wurde aber zur Erprobung seiner Fähigkeiten zunächst auf eine weite Fahrt zu Schiff mit einer Schar junger Helden, den Argonauten, bis nach Kolchis im Osten des Schwarzen Meeres geschickt, wo er das weit berühmte »Goldene Vlies« rauben sollte. Dort, am Ziel der Phase als Jung-Held, traf er auf die Königstochter Medea, die ihm bei dem Abenteuer half, die er dann zur Frau nahm, mit der zusammen er – mit unglücklichem Ausgang – eine Familie gründete und eine Königsherrschaft anstrebte. Die beiden Phasen entsprechen offensichtlich den Lebensstufen des Polis-Bürgers: des Epheben in der Wildnis und des Jung-Kriegers auf weiten Kriegszügen. Die nächste Phase, als erwachsener Träger von Verantwortung in Familie und Stadt, war vorgesehen, blieb ihm aber versagt.

Noch berühmter war die Jugendzeit des Achill, der von seinem Vater Peleus dem Chiron zur Erziehung übergeben wurde, in besonders frühem Alter, wie es sich für den größten Helden gehörte (Abb. 26).

Hier, als Knabe und Ephebe, bildete er seine Helden-Kräfte aus, die er dann, zum Mann herangewachsen, im Krieg gegen Troia als einzigartiger Jung-Krieger austobte – 10 Jahre lang, wie die Phase des néos in den historischen Bürgerschaften. Der Kentaur Chiron, halb Mann und halb Pferd, stellte die Brücke zwischen wilder Natur und menschlicher Kultur her, die in dieser Lebensphase für die Erziehung der Jugendlichen entscheidend war. Im Gegensatz zu den anderen Kentauren, die sich in animalischer Triebhaftigkeit und Zügellosigkeit als Gegner der menschlichen Ordnung zeigten, verkörperte der weise Chiron die heilsamen Seiten der Natur: Er lehrte die jungen Helden das Jagen und die Kenntnis der Heilkräuter, nährte sie mit dem Fleisch wilder Tiere und gab ihnen die körperlichen und ethischen Kräfte mit, die sie zu bewunderten Mustern kriegerischer Männlichkeit machten.

In Athen wurde Theseus als archetypischer Held der städtischen Gemeinschaft verehrt. Die Umstände seiner Zeugung und Geburt hatten dazu geführt, dass die Mutter Aithra mit dem Sohn als Alleinerziehende bei ihrem Vater, dem König von Troizen, blieb, während der Vater Aigeus in Athen als König herrschte. Doch zu dem Zeitpunkt, wenn Theseus zum Epheben herangewachsen sein würde, sollte er seine Kräfte durch Hochstemmen eines Felsblocks beweisen, unter dem der Vater Symbole seiner Männlichkeit versteckt hatte: Sandalen für die Wanderung nach Athen und ein Schwert für den Kampf um sein Leben. Der Weg entlang der einsamen Küste war ein Übergang von der Kindheit in der Obhut der Mutter zum Status des erwachsenen Mannes in der Sphäre des Vaters. Er wurde zugleich zu einer Phase der Selbstbehauptung in der Wildnis gegen die monströse Sau von Krommyon und die vielen Unholde und Wegelagerer, von denen er den Zugang zu seiner Vaterstadt befreite (Abb. 27). Nachdem Aigeus den Sohn in die Gemeinschaft der Athener aufgenommen und als künftigen Nachfolger anerkannt hatte, übernahm Theseus die Rolle des néos, des Jung-Kämpfers, für seine Stadt, gewissermaßen zu Land und zur

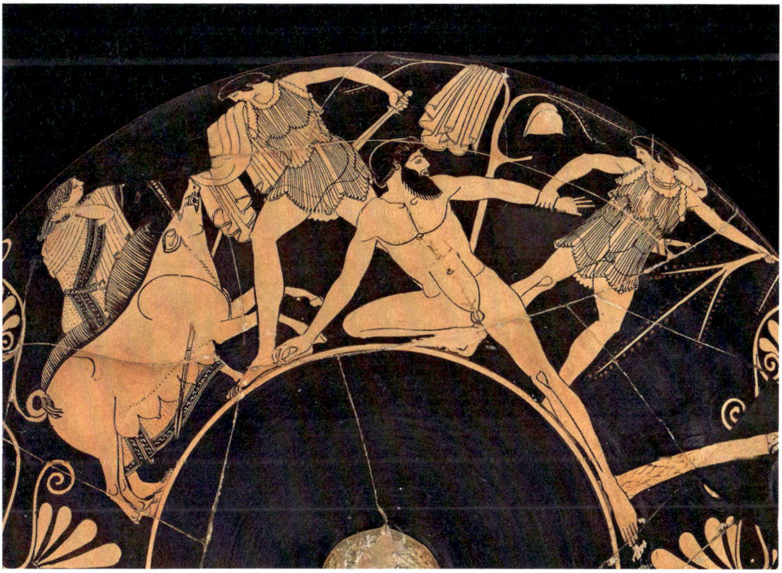

Abb. 27: Theseus tötet die Sau von Krommyo und den Riesen Sinis. Athenische Trinkschale (Kylix). London, British Museum. Um 480 v. Chr.

See. Zunächst bezwang er den wilden Stier von Marathon, der das Ackerland des attischen Territoriums verwüstete und damit die agrarischen Grundlagen der Stadt zerstörte. Dann zog er zu Schiff nach Kreta, wo der König Minos eine despotische Herrschaft über die Meere errichtet hatte und von Athen einen jährlichen Tribut an jungen Männern und Mädchen einforderte, die er als Opfer dem fürchterlichen Stiermenschen Minotauros in dem unentrinnbaren Bau des Labyrinths auslieferte. Wie Iason fand Theseus dabei die Liebe und Hilfe der Tochter des Königs, Ariadne, die ihm und der Jungschar mit dem langen Garn den Weg aus dem Bau des Schreckens anzeigte. Die Hochzeit war vorprogrammiert – wenn nicht die Götter es anders bestimmt hätten.

In den Mythen war die Zeit in der ungeschützten und unkontrol-

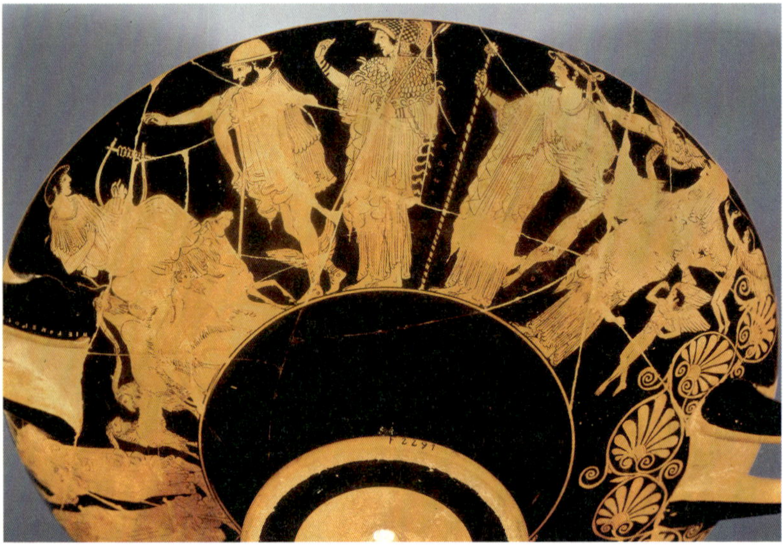

Abb. 28: Paris beim Urteil über die Göttinnen Hera, Athena und Aphrodite. Athenische Trinkschale, Maler Makron. Berlin, Staatliche Museen, Antikensammlung. Um 490–480 v. Chr.

lierten Ferne oft die Phase der frühen erotischen Erfahrungen, nicht nur für Iason und Theseus. Ähnliche Geschichten wurden von den Helden Troias erzählt. Anchises, ein hoch geachtetes Mitglied des troianischen Königshauses, wurde zum Hüten der königlichen Herden in das Ida-Gebirge geschickt – da erschien ihm Aphrodite und verführte ihn mit allen Mitteln der Liebeskunst. Der Spross dieser Verbindung war kein Geringerer als Aineias, der im Troianischen Krieg eine große Rolle spielte und später zum mythischen Ahnherrn Roms wurde. Es war also kein erotischer Fehltritt jenseits aller Normen, sondern eine zumindest im Mythos akzeptierte und in den Folgen hoch gefeierte Situation. Und es war auch kein einzigartiger Vorgang: Auch Paris, der ominöse Sohn des troianischen Königs Priamos, war auf ein Orakel hin in den Bergen ausgesetzt worden, wuchs unter den Hirten zum schönsten Jüngling und Verteidiger der Herden heran. Dort, in der wilden Einsamkeit, suchten ihn die drei Göttinnen Hera, Athena und Aphrodite auf, stellten ihn vor die Wahl des Lebensweges zwischen königlicher Macht, kriegerischem Ruhm und der Liebe der schönsten Frau – für die er sich entschied (Abb. 28). In Athen wurde später der Mythos von Kephalos, dem schönen Sohn des Königs Pandion, berühmt, der als junger Jäger in den einsamen Bergen des Hymettos umherschweifte, wo ihm Eos, die Göttin der Morgenröte, erschien, die von ihm hingerissen war und ihn mit mehr oder minder sanfter Gewalt in die Freuden der Liebe einführte (Abb. 29).

Gewiss sind solche Mythen keine realistischen Spiegelungen der sozialen Wirklichkeit. Zwar ist es vorstellbar, dass in der Frühzeit die Rinderherden, die den größten Besitz der Reichen darstellten, von den jungen Söhnen der Besitzer bewacht wurden. Um große Rinder-

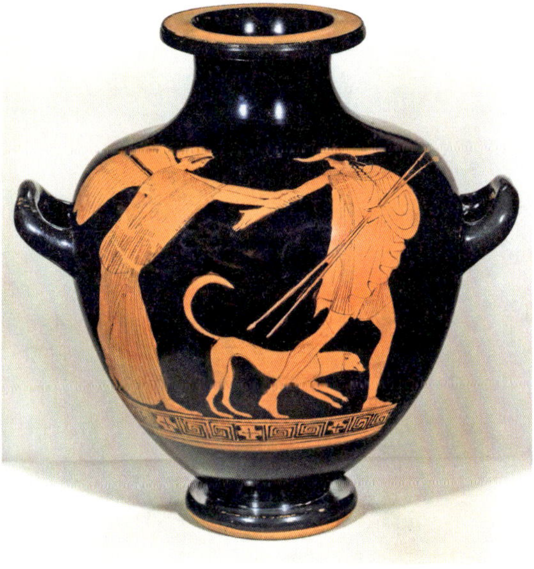

Abb. 29: Eos verfolgt Kephalos. Athenisches Wassergefäß (Hydria). Heidelberg, Antikensammlung der Universität. Um 470 v. Chr.

herden wurden Kriege geführt, auf den Weiden wurden sie von wilden Tieren bedroht: Ihre Bewachung erforderte darum denselben Kampfesmut wie Jagd und Krieg, die Domänen männlicher Heldenhaftigkeit. Im Gegensatz aber zu den mythischen Helden, werden den Epheben und jungen Männern weder auf der Jagd in den Bergen und Wäldern noch auf den Kriegszügen in die Ferne noch auch bei der Bewachung der Herden in der Einsamkeit vornehme Frauen mit erotischen Avancen vor Augen getreten sein. Hier beginnt die reale Lebenssituation in Projektion und Phantasie überzugehen.

Entscheidend ist aber, dass auch dies eine reale psychische Grundlage hat: Die Zeit der Ephebie ist auch die Phase der erwachenden Erotik, die Zeit des Jung-Kriegertums führt auf Hochzeit und Ehe hin. Diese Erfahrungen des Eintritts in das Mannesalter werden in den Mythen konzeptionell zusammengebracht. Die Mythen erzählen zwar Geschichten, die keine faktisch reale ›Geschichte‹ sind; sie zeichnen die Helden der Vorzeit mit ihren Taten und Leiden in Dimensionen, die weit größer und ruhmreicher als die der Gegenwart sind; aber sie stellen sie in sozialen, psychologischen und anthropologischen Strukturen dar, die denen der Lebenswelt kompatibel sind. Darum bringen die Mythen Konzepte zum Ausdruck, die auch für das soziale Leben Geltung haben, oft klarer und pointierter als die Realität der Lebenswelt selbst.

JUNGE HELDEN AN DEN KÜSTEN DES MEERES. Auch in den Mythen war die Küste des Meeres eine ferne Zone der Adoleszenz. Die Küsten Griechenlands sind lang und vielgestaltig, mit Felsen ins Meer stürzend, dazwischen in flachen Buchten ins Wasser gleitend. Bis auf die Häfen der Städte aber wurden sie wenig genutzt und waren darum Zonen von ausgeprägten Randsituationen.

Perseus, den der Göttervater Zeus mit List durch einen Goldregen gezeugt hatte, war mit seiner Mutter Danae verbannt und in einer Holzkiste auf dem Meer ausgesetzt worden. Sie strandeten auf der Insel Seriphos und fanden dort Aufnahme bei dem Fischer

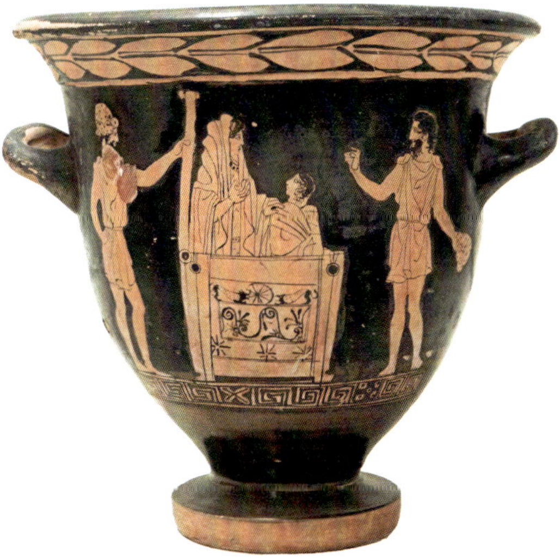

Abb. 30: Perseus und Danae in Kiste, von Diktys entdeckt. Athenischer Weinkrater. Syrakus, Museo Regionale. Um 460–450 v. Chr.

Diktys, einem verstoßenen Bruder des herrschenden Königs Polydektes (Abb. 30). Von vornehmer Abstammung, aber in der fernen Natur lebend, übernahm dieser die Erziehung des Perseus, ähnlich wie Chiron, der berühmteste Heldenerzieher, im Pelion-Gebirge. Als der Zögling dann zum jungen Mann herangewachsen war, kam seine Stunde der Bewährung: Polydektes hatte ein Auge auf Danae geworfen, die offenbar noch attraktiv, aber nicht willens war. Perseus aber verteidigte die Mutter vor den Bedrängungen des Königs und erhob selbst Ansprüche auf die Königsherrschaft. Um ihn loszuwerden, schickte Polydektes ihn in den äußersten Westen, um die schreckliche Gorgo zu töten, ein Äquivalent zu Iasons Fahrt nach Kolchis, Theseus' Expedition nach Kreta, Achills Teilnahme am Troianischen Krieg – und in der geschichtlichen Wirklichkeit zu den Feldzügen der Jung-Krieger in den griechischen Stadtstaaten. Nachdem Perseus die Gorgo mit Mut und List besiegt hatte, fand er auf dem Rückweg die äthiopische Königstochter Andromeda von einem Seeungeheuer bedroht, nahm sie zur Frau und übernahm die

Königsherrschaft – zwar nicht in Seriphos, sondern in Tiryns. Ein perfektes, normatives Heldenleben in den drei Phasen der Erziehung in der fernen Wildnis, des Jung-Heldentums mit ruhmreichen Kämpfen und der Macht eines Herrschers.

In Athen war Theseus, der mythische Protagonist der Stadt, schon durch seine Geburt eng mit dem Meer verbunden. Bekanntlich hatte er, wie manche andere Helden der mythischen Vorzeit, zwei Väter, neben dem sterblichen König Aigeus den Meeresgott Poseidon. Diese mythische Genealogie wurde für Athen besonders wichtig zur Begründung des Anspruchs auf eine Vorherrschaft zur See. Als Theseus, so berichtete der Mythos, mit den athenischen Jünglingen und Mädchen nach Kreta fuhr, um für deren Rettung ge-

Abb. 31: Theseus bei Amphitrite auf dem Meeresgrund. Athenische Trinkschale (Kylix). Paris, Musée du Louvre. Um 500–490 v. Chr.

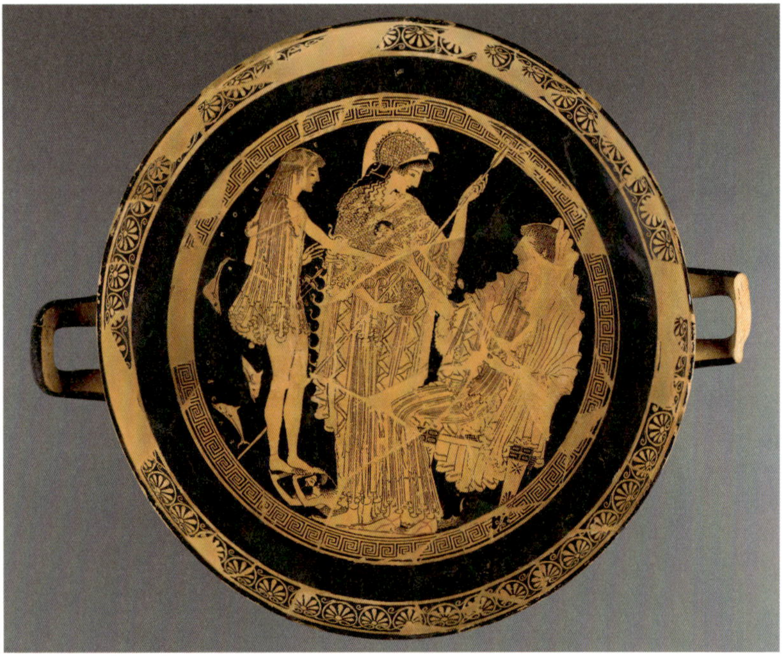

gen den Minotauros zu kämpfen, kam es auf dem Schiff zum Streit mit dem kretischen König Minos, wer den stärkeren Anspruch auf Abstammung von einem Gott geltend machen konnte. Minos rühmte sich, ein Sohn des Zeus zu sein, und erhielt auf seine Bitte von dem Göttervater ein flammendes Blitzzeichen als Beweis der Vaterschaft – dann warf er einen Ring ins Meer und forderte Theseus auf, in die Fluten zum Palast des Poseidon zu tauchen, um von seinem angeblichen Vater ein entsprechendes Zeichen seiner Abstammung von ihm zu erlangen. Der Dichter Bacchylides schildert ausdrücklich, wie er sich »auf dem wohlgefügten Deck stehend«, also von einer hohen Plattform aus, in das Meer stürzt, doch wohl mit einem Kopfsprung, und dann die Verzweiflung der Jünglinge und Mädchen, denen »die Tränen aus den lilienzarten Augen quollen, da sie schwerer Not entgegensahen«: Es war eine Probe auf Leben und Tod. Theseus aber sei von Delphinen durch das Wasser zum Palast des Gottes getragen worden. Dort habe er, noch leicht verschüchtert, die Nereiden im feurigen Glanz ihrer Glieder tanzen gesehen, und Poseidons Gemahlin Amphitrite habe ihm einen purpurnen Mantel umgelegt und einen Kranz dunkler Rosenblüten auf das Haar gesetzt, den sie einst von Aphrodite zur Hochzeit erhalten hatte. Im Glanz dieser Geschenke sei Theseus beim Bug des Schiffes wieder emporgestiegen, empfangen vom Jubel seiner Jungschar. Ein berühmtes Vasenbild zeigt den jugendlichen Theseus, wie er von einem Triton getragen in dem Unterwasser-Palast vor Poseidons Gemahlin Amphitrite erscheint (Abb. 31). Dazu wurde von namhafter Seite bemerkt, »leaping into the sea« sei »an un-Greek action« – doch das Gegenteil ist der Fall: Der Sprung ins Meer wird zur entscheidenden Mutprobe und zugleich zur ersten erotischen Erfahrung des jungen Helden. Mit den Zeichen der Anerkennung durch die göttlichen Eltern taucht Theseus wieder aus dem Wasser auf, als ›erwachsener‹ Verteidiger der bedrohten Jungschar und als Inbegriff männlichen Liebreizes (Übersetzung Ulrich von Wilamowitz-Moellendorff, leicht verändert):

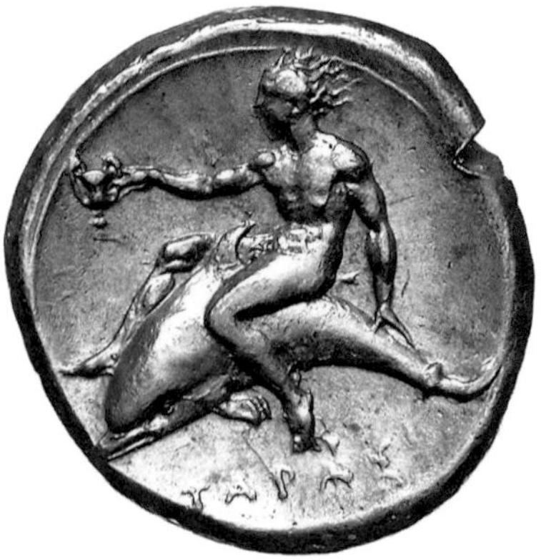

Abb. 32: Phalanthos auf Delphin über das Meer reitend, mit dionysischem Weingefäß (Kantharos). Didrachme von Tarent. Staatliche Museen zu Berlin, Münzkabinett. Um 390–380 v. Chr.

> Neben dem schlanken Bug des Schiffes erschien er …
> Als aus den Fluten er heil emporstieg, allen ein Wunder.
> An seinem Leibe glänzten die Gaben der Göttin.

Es ist der Anfang seiner Qualifizierung zum Protagonisten der Jugend und letztlich zum Neugründer und König von Athen.

Das Meer als Sphäre der Erprobung von Mut und Überlebenskraft hatte viele verschiedene Aspekte. Zwischen Mythos und früher Geschichte steht der Held Phalanthos aus Sparta, der nach dem ersten Krieg gegen Messenien mit einer benachteiligten Gruppe der Bevölkerung einen Aufstand gewagt hatte, besiegt und aus der Stadt vertrieben worden war, und der dann mit seinen Gefährten über das Meer in die Ferne zog, um ein neues Leben zu beginnen. Nach einer von verschiedenen Überlieferungen war auch er ein Sohn des Poseidon; sein weiterer Lebensweg könnte dafür sprechen, dass dies die authentische Überlieferung ist. Phalanthos wurde nicht durch einen bösen König zum Sprung ins Meer gezwungen, sondern durch einen Schiffbruch ins Meer geworfen, aber auch er ging gestärkt aus dieser Prüfung hervor: Auch ihn rettete ein Delphin, wohl von seinem göttlichen Vater geschickt, und trug ihn an die

Küste Apuliens, wo er mit seinen – offenbar ebenfalls geretteten – Gefährten die Stadt Tarent gründete. Die Münzen der Stadt zeigen ihn als mythischen Ahnherrn, jugendlich, auf dem Delphin reitend (Abb. 32). Oft erscheint er mit einem Dreizack, der ihn eindeutig mit Poseidon verbindet. Daneben hält er viele weitere Attribute, die dem Gründer einer blühenden Stadt gut anstanden: Schild, Helm, Lanze, Bogen und Pfeil stehen für Wehrhaftigkeit; Ruder und der Rammsporn eines Schiffes für Seeherrschaft; Dreifuß, Kranz, Palmzweig und athletisches Gerät für agonistische Kultur; Opferschale, Räucherständer und Fackel für religiöse Festlichkeit; Weintrauben, Weinkanne, Kantharos, Trinkhorn und Lyra für die Kultur des Symposions; Ähren, Spinnrocken und Füllhorn für Fruchtbarkeit, Lebenskultur und Wohlstand. Auch Phalanthos wurde, indem er das lebensbedrohende Untertauchen im Meer überstand, zum Anführer und Gründer einer neuen städtischen Gemeinschaft. Wie Theseus tauchte er, pointiert gesagt, als Jugendlicher im Meer unter und als Erwachsener wieder auf.

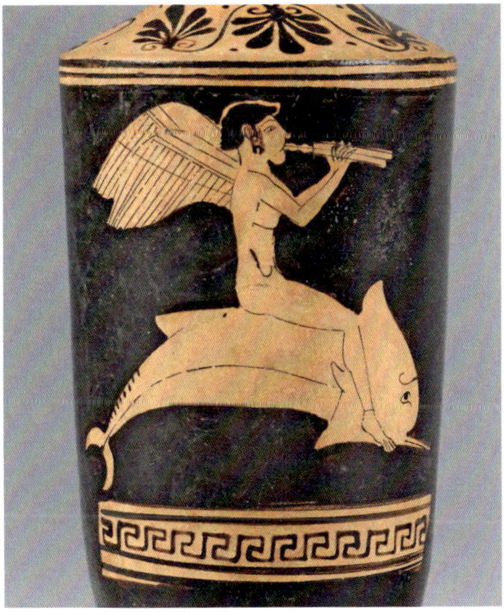

Abb. 33:
Eros reitet auf Delphin über das Meer. Athenisches Salbgefäß (Lekythos). Princeton, University Museum. Um 470 v. Chr.

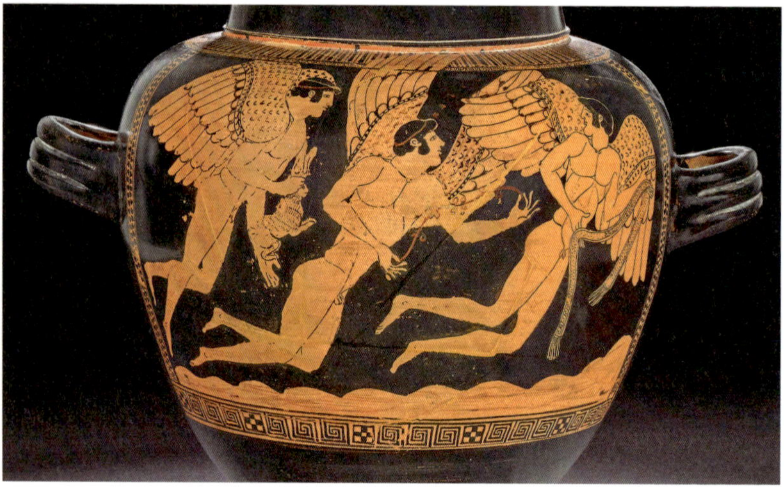

Abb. 34: Eroten fliegen über das Meer. Athenisches Weingefäß (Stamnos). London, British Museum. Um 470 v. Chr.

Auch diese Verwandlung hatte offensichtlich erotische Aspekte. Phalanthos kann nicht nur Attribute der glanzvollen Jugend halten, wie den Kranz oder das athletische Gerät: Seine ganze Erscheinung als Delphinreiter über das Meer ist eine Manifestation jugendlicher Attraktion. An zahlreichen Orten der griechischen Welt kursierten Geschichten von Delphinen, die sich in schöne Knaben verliebt hatten und sie auf dem Rücken über das Meer trugen – meist mit unglücklichem Ausgang. Ebenso reitet aber auch Eros selbst auf einem Delphin über die Wellen, ohne aus einem Schiffbruch gerettet zu werden und ohne weitere Gefährdung (Abb. 33): Eros bewegt sich souverän über den Wassern, die für ihn eine Sphäre übermütigen und seligen Glückes sind. In diesem Sinn fliegen auf einem Weingefäß drei Eroten über die Wellen hinweg, der erste wird in der Beischrift Himeros, Gott der Sehnsucht, genannt (Abb. 34). In den Händen halten sie Liebesgeschenke, ein Haarband, eine Pflanzenranke und einen Hahn. Aphrodite, die Herrin der Eroten, reitet in vielen Bildern auf einem Schwan über das Meer. So bedrohlich das Meer sein kann, so sehr ist es auch eine Welt erotischer Anmut, Freiheit und Attraktion.

Der Delphin selbst ist ein archetypischer Taucher. In der Tomba della caccia e pesca machen die Delphine es dem menschlichen Springer vor: Auf- und Untertauchen in einem Wechselspiel des Übermuts. Und dabei kann der Delphin auch wieder festlich-erotischen Charakter annehmen: Auf einem bemalten Teller, sicher für Speisen beim Gelage bestimmt, springen drei Delphine unterschiedlichen Alters, vielleicht Vater, Mutter und Kind, im Gleichtakt über die Wasserfläche, und der größte spielt den verführerischen Doppelaulos, gerade wie der Knabe im Symposion von Paestum zur Freude seines erwachsenen Liebhabers (Abb. 35). Eine berühmte Trinkschale in München schildert die Fahrt des Dionysos auf einem Wunderschiff mit geblähtem Segel, von einem üppigen Weinstock

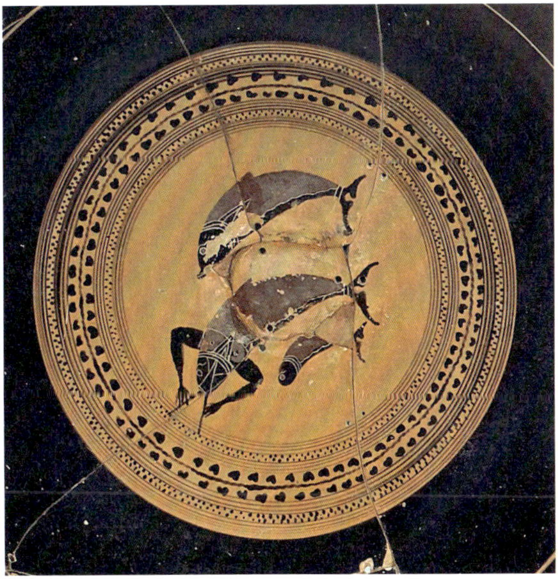

Abb. 35: Delphine, einer Doppelflöte spielend. Athenische Trinkschale. Rom, Museo Nazionale Etrusco di Villa Giulia. Um 570–560 v. Chr.

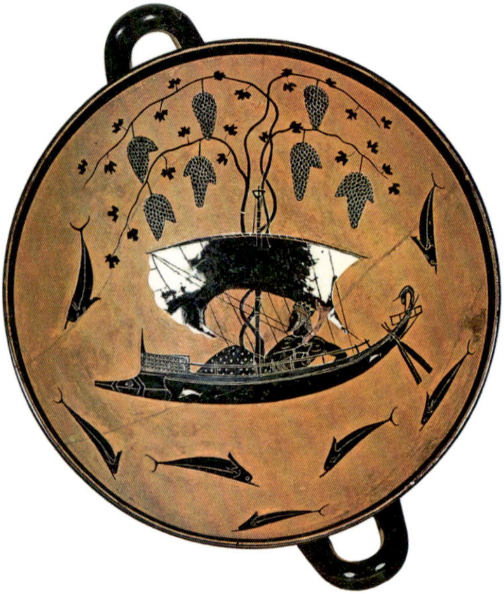

Abb. 36: Dionysos über das Meer fahrend. Athenische Trinkschale (Kylix). München, Staatliche Antikensammlungen. Um 540–530 v. Chr.

überwölbt, und um ihn tummeln sich sieben elegante Delphine im Meer (Abb. 36).

Auf die Spitze getrieben wird das erotische Spiel auf dem Wasser von einer Schar wilder Satyrn auf einer Trinkschale (Abb. 37): Dort reiten sie auf prall gefüllten Weinschläuchen mit unverkennbaren sexuellen Aspekten über das brandende Meer mit Delphinen und Oktopous. In ihren gewagten und obszönen Haltungen und Bewegungen erscheinen sie als überschwängliche Gegenbilder zu der trainierten Eleganz des Epheben in Paestum.

Näher stehen dem Taucher von Paestum die Knaben auf einem ungewöhnlichen Krater, der in mythischen Gestalten eine kosmische Szenerie vor Augen führt (Abb. 38). Der Sonnengott Helios sprengt auf seinem Rennwagen mit einem Viergespann geflügelter Pferde durch den Äther, gefolgt von Selene, der Mondgöttin, und Eos, der Göttin der Morgenröte. Vor und unter den sich aufbäumenden Rossen des Helios ergehen sich vier Knaben im Spiel mit dem Wasser des Meeres. Einer stürzt sich im senkrechten Kopfsprung aus einer imaginären Höhe in die Tiefe, ein zweiter macht sich auf einem Felsen zum Sprung bereit, ein dritter schwimmt mit ausgreifenden Armen in den Wellen, ein vierter steht offenbar im Wasser und wird gleich losschwimmen. Wegen des kosmischen Kontextes müssen es wohl mythische Knaben sein; man hat an Verkörperungen von Sternen gedacht, die sich vor dem aufsteigenden Sonnengott ins Meer stürzen. In der Tat wurden griechische Sterne und Sternbilder zum Teil als schöne Jugendliche gedeutet: Phosphoros und Hesperos oder Orion, die mit der Bewegung des Firmaments aus dem Meer auf- und darin wieder untertauchen. Auch dies ist aber kein transzendentes Meer der Ewigkeit, sondern die mythischen Knaben treiben dasselbe übermütige Spiel wie die vornehmen Jugendlichen in den Grabbildern von Paestum und Tarquinia und auf den realen Felsklippen von Thasos.

Abb. 37: Satyrn vergnügen sich mit Weinschläuchen auf dem Meer. Athenische Trinkschale (Kylix). Paris, Musée du Louvre. Um 500 v. Chr.

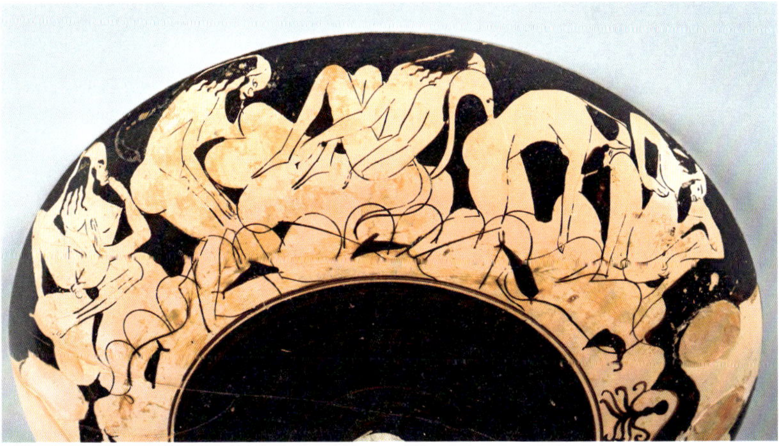

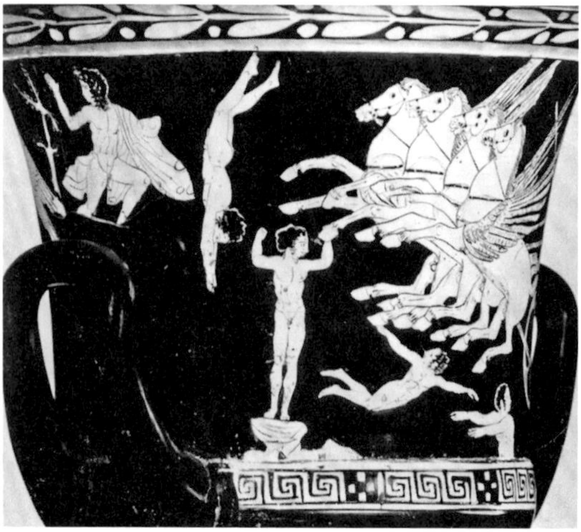

Abb. 38: Der Sonnengott Helios auf Viergespann, badende Knaben, wohl Verkörperungen von Sternen. Athenischer Weinkrater. London, British Museum. Um 430 v. Chr.

MYTHISCHE TÖCHTER, JÄGERINNEN UND MEERESMÄDCHEN. Wie für die vornehmen Mädchen der griechischen Städte, so sind auch für die schönen Töchter der mythischen Vorzeit die Quellen und Brunnen vor der Stadt typische Orte exponierter Präsenz, oft mit erotischen Aspekten. Die troianische Königstochter Polyxena geht zusammen mit ihrem Bruder Troilos, er um die Pferde zu tränken, sie um Wasser zu holen, zum Brunnen außerhalb der Stadtmauer, wo ihnen Achill in zugleich mörderischer und erotischer Absicht auflauert. Die Söhne und Töchter der Niobe sind in der freien Natur an einer Quelle bei Jagd und Spiel begriffen, als Apollon und Artemis sie zur Rache für den Frevel ihrer Mutter mit Pfeil und Bogen erschießen. Die athenische Königstochter Oreithyia wird bei der vorstädtischen Quelle am Fluss Ilissos von Boreas, dem Gott des Nordwinds, geraubt und zu seiner Gemahlin gemacht (Abb. 39). Amymone, die Tochter des Königs von Argos, wird bei einer Dürre von ihrem Vater zum Wasserholen ausgeschickt, wird dabei von einem wüsten Satyr belästigt und von dem Gott Poseidon befreit, der sie zu seiner glücklichen Geliebten macht. Die Quellen und Brunnen außerhalb der Städte sind auch im Mythos ambivalente Orte der weiblichen Jugend zwischen Glück und Unglück.

Überraschend ist, dass in den Mythen auch die einsame Ferne weitab von der städtischen Ordnung zu einem Raum junger Mädchen und ihrer frühen erotischen Begegnungen wird. In den historischen Gesellschaften waren die Räume außerhalb der Städte für die weibliche Jugend keine normalen Lebensräume. Doch hatten, wie wir sahen, die Mädchen im Alter der Adoleszenz Räume am Rand des allgemeinen gesellschaftlichen Lebens, Heiligtümer, Brunnenhäuser oder Grotten am Meer, wo sie zur Ausbildung und Demonstration körperlicher und erotischer Qualitäten zusammenkamen. Es war wohl diese, wenn auch seltene, Präsenz von Mädchen an Orten fern der bürgerlichen Gemeinschaft, die in der mythischen Steigerung Vorstellungen von einzelnen jungen Jägerinnen und Schwärmerinnen in der freien Natur hervorrief. Insofern waren hier gesellschaftliche Grundmuster wirksam, die jedoch weit über die Normalität der Lebenswelt hinausführten. Ein latenter Kern

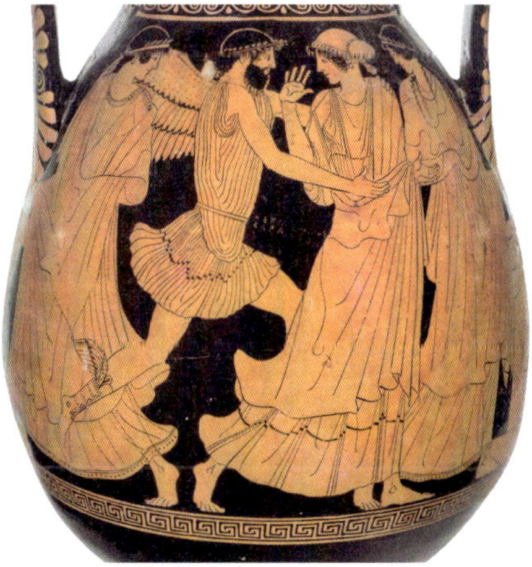

Abb. 39: Boreas, der Gott des Nordwinds, raubt die Königstochter Oreithyia. Athenisches Vorratsgefäß (Pelike). Rom, Museo Nazionale Etrusco di Villa Giulia. Um 470–460 v. Chr.

griechischer Weiblichkeit wird in diesen Mythen in seinen denkbaren, teils gefürchteten, teils gewünschten Folgen durchgespielt.

Die Grundmuster der weiblichen Heldenleben sind, zumindest in den ersten Phasen, denen der männlichen Helden in mancher Hinsicht verwandt. Atalante, die berühmteste Heldin, wurde von ihren Eltern in den Bergen von Arkadien ausgesetzt, von einer Bärin gesäugt, dann von Hirten aufgenommen und aufgezogen. Mit den körperlichen Kräften wie junge Männer ausgestattet, wurde sie zu einer großen Jägerin und kam mit ruhmreichen männlichen Helden in Verbindung. Sie nahm an großen mythischen Unternehmungen teil, an der Jagd auf den Eber von Kalydon, dann an der Fahrt des Iason und der Argonauten, stand hinter keinem von ihnen zurück – dabei kam es zu verschiedenen erotischen Verstrickungen, die freilich bei einer derart normwidrigen Vorgeschichte mehr oder minder unglücklich enden mussten: Atalante vollzog nicht mehr den Übergang in die nächste Lebensphase der Ehefrau. Zu einer ehelichen Verbindung führte dagegen der athenische Mythos von der Königstochter Oreithyia, die in den Bergen Attikas umherstreifte, bevor sie von Boreas, dem Gott des Nordwinds, geraubt und zu seiner Gemahlin gemacht wurde. Hier entspricht das transgressive Verhalten der Jungfrau dem exotischen Wesen des Bräutigams.

Wieder aber sind es nicht nur die fernen Berge, sondern auch die Küsten des Meeres, wo die erotischen Begegnungen sich ergeben. Das berühmteste Paar des griechischen Mythos, Peleus und Thetis, die Eltern Achills, trafen am Meeresstrand aufeinander. Der Held bezwang die ihm von Zeus zugedachte Braut im Ringkampf in der Grenzzone zwischen dem Land, wo er zu Hause war, und dem Meer, aus dem Thetis als Tochter des Meeresgottes Nereus stammte (Abb. 40). Das entspricht gewiss keiner realen Praxis der historischen griechischen Gesellschaften, aber es ist eine Projektion von realen Vorstellungen: Die Gewinnung einer Braut wurde konzeptionell als eine Art Raub verstanden und gedeutet, dem die Mädchen

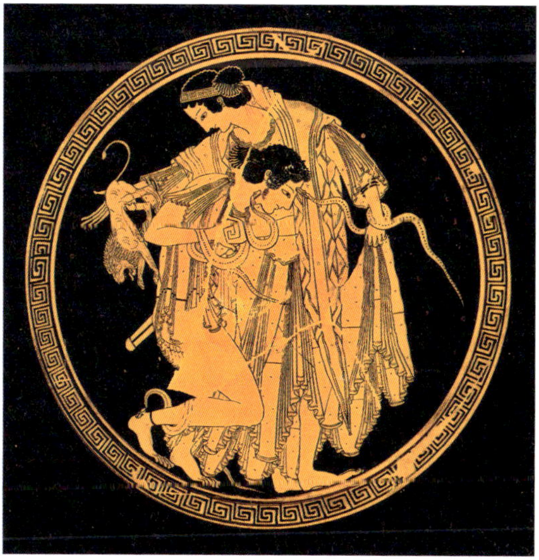

Abb. 40: Peleus gewinnt Thetis im Ringkampf. Athenische Trinkschale. Berlin, Staatliche Museen, Antikensammlung. Um 500 v. Chr.

sich zunächst zu entziehen suchten, und da für die heiratsfähigen jungen Frauen ein Ideal des leistungsfähigen Körpers in Geltung war, nahm die Vorstellung des Brautraubes auch Züge von Gewalt an. Der Ringkampf von Peleus und Thetis ist eine Steigerung der Auffassung von den realen Rollen der Geschlechter in die Form des Mythos.

Noch dramatischer erging es der Nymphe Arethusa, die von dem Flussgott Alpheios, im Westen der Peloponnes, begehrt wurde. Sie suchte sich ihm zu entziehen, stürzte sich ins Meer, stieg in Sizilien wieder an Land und verwandelte sich in eine berühmte Quelle im Hafen von Syrakus – wohin ihr jedoch der junge Gott folgte. Das Meer und seine Ufer sind eine Sphäre, in der die Ausgesetztheit der heiratsfähigen Mädchen zu einer mythischen Grundsituation gesteigert wird.

Näher an der Wirklichkeit der Frühzeit steht vielleicht die berühmte Szene der Odyssee, in der Nausikaa mit ihren Mägden hinaus zu der Mündung des Flusses am fernen einsamen Meeresufer

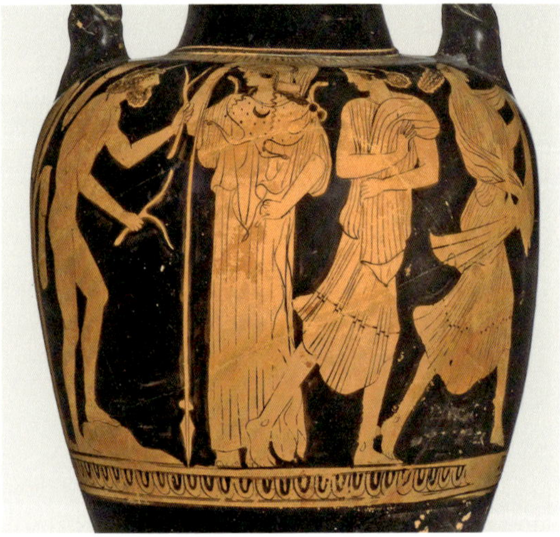

Abb. 41: Odysseus trifft auf Nausikaa am Meeresstrand, dazwischen Athena. Athenische Amphora. München. Staatliche Antikensammlung. Um 450–440 v. Chr.

fährt, wo sie die Festgewänder waschen und sie in der Sonne zum Trocknen ausbreiten – und wo sie sich dann die Zeit vertreiben (Übersetzung Roland Hampe):

> Und sie badeten sich und salbten sich mit dem Salböl …
> Spielten mit dem Ball und nahmen die Schleier vom Kopfe,
> Und mit den weißen Armen Nausikaa führte das Spiel an.

Die Natur wird in allen Facetten geschildert: Wo Odysseus sich an Land rettet, ist Wald, dichtes Gebüsch, Bedrohung durch wilde Tiere; doch wo Nausikaa ankommt, weiden die Maultiere im süßen Klee, trocknen die Kleider auf den Kieseln des Strandes. In dieser fernen Natur kommt es zur Begegnung der Geschlechter: Nausikaa wird mit aller Attraktivität einer potentiellen Braut in Szene gesetzt, weißarmig, schlank wie die Palme von Delos. Odysseus, aus dem tobenden Meer angespült, verkörpert die Männlichkeit zuerst in erschreckender ungepflegter Wildheit (Abb. 41) – und dann, nach der Verwandlung durch Athene, in strahlendem Glanz. Die Begegnung hat deutlich erotische Töne, mit allen Aspekten der männlichen Scham, sich den Mädchen nackt zu zeigen, und der weiblichen Scheu, zu aktiv auf den Mann zuzugehen – bis hin zu dem Gedanken an eine potentielle Hochzeit und Ehe, der Nausikaa in der freien Natur befällt und der dann im normengeschützten Raum der Stadt und des väterlichen Palastes keine Rolle mehr spielt. Auch dies ist eine mythische Situation, aber eine Projektion der psychologischen Visionen, die sich in den realen Situationen der Epheben und Mädchen an den Orten der Ferne ergeben mochten: gewissermaßen eine Verbindung der Felsklippen von Thasos und der Grotte auf der attischen Amphora.

Für die archaischen Griechen waren das Meer und seine Ufer ein ambivalenter Raum des freien Draußen mit vielen Aspekten, jenseits der kontrollierten Lebensordnung und Lebenskultur der Stadt: einerseits ein Raum der wilden Natur, der tödlichen Bedrohung, aber auch ein Raum der Herausforderung und der Bewährung körperlicher Kräfte und Eigenschaften; ein Raum des Einbrechens und Eindringens von Fremdheit, erschreckend und beunruhigend, aber auch faszinierend und wunderbar, und darum auch ein Raum der Entfaltung und Erprobung neuer eigener Kräfte, vor allem in den Phasen des Übergangs zu neuen Lebensstufen.

9.

KÖRPER, SCHÖNHEIT UND DIE KULTUR DES UNMITTELBAREN HANDELNS

Wenn das Bild des Kopfsprungs also in die reale Lebenswelt griechischer Jugendlicher führt, möchte man von einer ›realistischen‹ Darstellung sprechen. Eben dies wurde von manchen Forschern entschieden abgelehnt. Wie eine reale Szene am Meer aussehe, könne man in der Tomba della caccia e pesca sehen: Felsen mit Pflanzenbewuchs, das Meer bewohnt von Delphinen und Fischen, die Luft voller schwirrender Vögel, und vor allem eine lebensvolle soziale Situation mit Jugendlichen in verschiedenen Aktionen, auf Felsen kletternd, von oben herabspringend, auf Vögel schießend, im Boot fahrend und Fische fangend. Das Bild in Paestum dagegen, mit seiner ungemein sparsamen Reduktion auf Turm, Meer, zwei Bäume und den Springer, könne nur als abstrakte Symbolisierung einer transzendenten Vorstellung jenseits der realen Lebenswelt zu verstehen sein, als Metapher für das Eintauchen der Seele in das Jenseits.

Das ist jedoch ein fragwürdiges Verständnis von Realität und Symbol. Ein Maler, der eine Szene der realen Lebenswelt darstellen will, wird immer so viel Realität ins Bild bringen, wie ihm für die intendierte Aussage wichtig ist. Er kann größere Szenerien mit zahlreichen Akteuren in einem vielfältigen Ambiente von Natur oder Kultur schildern, er kann aber auch den Blick auf eine einzelne Gestalt und wenige Elemente der Umwelt richten. Beides sind Wirklichkeiten, gewählt und dargestellt nach der Bedeutung, die das Bild übermitteln soll. Das lässt sich an vielen Themen der griechischen Bildkunst beobachten. Das Symposion, das Trinkgelage der Männer, war eine genuine Praxis einer Gemeinschaft von Männern, es wird darum häufig als Szene von zahlreichen Trinkgenossen auf Gelagebetten dargestellt, auf bemalten Vasen wie auch in dem Grab von Paestum. Gleichzeitig aber waren die Vasenmaler auch an einzelnen Zechern interessiert, die sie isoliert ins Bild setzten, und in hellenistischer Zeit gehörten Reliefs mit einzeln lagernden Männern zum häufigsten Schmuck von Gräbern. Dasselbe gilt für Bilder der Athletik. Zum Teil schildern sie das Leben im Gymnasion in den großen Szenarien der Vorbereitung, des Trainings und der Wettkämpfe, daneben aber konzentrieren andere Bilder den Blick auf einzelne Athleten in den vielfältigen Ansichten des Entkleidens, der Körperpflege und der agilen Bewegungen beim Lauf und Sprung, Diskus- und Speerwurf. In dem Grab von Paestum hat der Maler das Symposion als gemeinschaftliche Veranstaltung geschildert, in dem Bild des Springers hat er die unvergleichliche Einzelleistung hervorgehoben. Beides sind vitale Wirklichkeiten, dargestellt in ihrer jeweils intendierten Bedeutung.

Diese Bedeutung ist alles andere als Symbolik. Die symbolische Deutung versteht die Bilder in einem metaphorischen Sinn, der *über die dargestellte Realität hinaus* führt: Sie interpretiert den Turm als Grenze des Lebens, den Springer als die Seele, den Sprung als den Tod, das Meer als reinigende und erlösende Zone des Durchgangs zum Jenseits. Die lebensweltliche Deutung dagegen nimmt die Motive als das, *was sie sind* – und was sie *als solche* bedeuten: Der Turm *ist* ein Turm, der Springer *ist* ein Ephebe, der Sprung *ist* ein Sprung, das Meer *ist* das Meer. Entscheidend ist dabei aber, dass die Wirklichkeit dieser Szenen nicht als triviale Realität abgetan wird, sondern als Situation in ihrer weit reichenden sozialen und kulturellen Bedeutung verstanden wird, als anthropologische Grundsituation des Übergangs vom Knaben zum erwachsenen Mann, mit allen darin konzentrierten Leitbildern, Hoffnungen und Gefährdungen.

Der Taucher präsentiert sich mit seinem jugendschönen Körper in einer Aktion von höchster trainierter Eleganz und Anmut. Er repräsentiert damit ein Leitbild der griechischen Kultur, das weit über die Ästhetik der Kunst und der Lebenskultur hinausweist. In den griechischen Stadtstaaten gab es von Anbeginn keine stark festgelegten Positionen der sozialen und politischen Macht. Daher war in der Konkurrenz der Oberschicht um Ansehen und Einfluss, neben vornehmer Herkunft und Reichtum, besonders auch die Kraft der Persönlichkeit und das öffentliche Auftreten in der Gemeinschaft von entscheidender Bedeutung. Diese Kraft lag vor allem in zwei Qualitäten, die sich ergänzten: zum einen in der Kunst der überzeugenden Rede, zum anderen in der bezwingenden Erscheinung. Wer mitreißend zu reden verstand und wer eindrucksvoll auftrat, hatte alle Chancen auf Erfolg und Ansehen. Anmut und Schönheit waren hohe soziale Eigenschaften, die auf vielfältige Weise die Formen des öffentlichen wie des privaten Lebens prägten.

Die Gemeinschaften der Stadtstaaten waren in einem erstaunlichen Maß auf unmittelbare physische Präsenz und Aktion gegründet. Die öffentlichen Angelegenheiten wurden in der Volksversammlung in Anwesenheit aller (männlichen) Mitglieder der Bürgerschaft face to face verhandelt und entschieden. Der eminente soziale Ruhm, den die erfolgreichen Athleten in der griechischen Welt genossen, wurde nicht in der abstrakten Messung von Leistungen und Rekorden, sondern im direkten Wettkampf der Konkurrenten gewonnen. Ähnliche Vorstellungen werden in Platons oben genannter Forderung deutlich, die Jagd auf wilde Tiere nicht mit technischen Mitteln wie Netzen und Schlingen, sondern in der unmittelbaren Konfrontation mit dem tierischen Gegner, nur mit Lanze und Schwert, gewissermaßen den Verlängerungen der menschlichen Arme, zu betreiben. Es ist eine Kultur der aktiven Körperkräfte, die zu einer »Kultur des unmittelbaren Handelns« führte.

Der leistungsstarke und ansehnliche Körper war der zentrale Faktor des griechischen Menschenbildes. Und entscheidend: Er war nicht eine angeborene Vorgabe der Vererbung oder ein Geschenk des Schicksals, sondern ein Ziel und Ergebnis von Ausbildung. Schon in der Frühzeit der Polis-Gemeinschaften, wohl seit dem 9. bis 8. Jahrhundert v. Chr., hatte die Entsendung der Epheben in die wilde Natur die Entwicklung zu robuster Körperkraft und Einsatzbereitschaft zum Ziel. In einem engeren Sinn ging es um die Ausbildung der jungen Männer zu Kämpfern für die eigene Stadt, die in ständige Kriege verwickelt war; darüber hinaus aber wurde ein leistungsfähiger Körper auch ganz allgemein als Grundlage ethischer Haltung und geistiger Lebendigkeit angesehen. Im Lauf der Zeit wurden die immer weiter ausgestalteten Wettspiele bei den Festen der Götter und den Begräbnissen der Aristokraten Kristallisationspunkte einer athletischen Körperkultur. Seit dem 6. Jahrhundert v. Chr. erhielt diese Kultur in den Anlagen der Gymnasien glanzvolle Stätten, an denen die Athleten mit ihren strahlenden nackten Körpern die soziale Bewunderung erregen konnten, die weit über die sportlichen Erfolge hinausreichte.

Damit wurde der erwachsene Körper zur Bedingung für den Eintritt in die Gemeinschaft der voll berechtigten Bürger. In manchen Städten auf der Peloponnes und auf Kreta wurde der Übergang zum Mannesalter mit Ritualen des »Ausziehens«, *ékdysis*, und des wieder »Anziehens«, *endymatia*, einer neuen Erwachsenen-Kleidung vollzogen. Die Bezeichnungen machen deutlich, dass es nicht nur um einen Wechsel von der Kleidung der Knaben zu der der Männer ging, sondern dass mit dem Ablegen eine eigene Phase der Exponierung des Körpers angezeigt wird: eine öffentliche Demonstration, dass der Initiand von jetzt an zur Gruppe der erwachsenen Jung-Bürger gehörte.

Überall im Leben war der Körper ein effektives und sensibles Instrument des gesellschaftlichen Verhaltens. Haltungen und Bewegungen, Gesten und Gebärden, ob ausfahrend oder kontrolliert, emotional oder würdig, wurden mit scharfem Blick – durch das »öffentliche Auge«, wie man gesagt hat – wahrgenommen und beurteilt. Junge Mädchen lernten anmutiges Gehen und elegantes Hochraffen der langen Gewänder, Staatsmänner und Redner achteten auf ihre visuelle Erscheinung bei öffentlichen Auftritten. Es war ein kulturell geformtes Menschenbild: Der Körper, auch in der Hülle der Kleidung, war ein Medium zur Darstellung einer öffentlichen Rolle.

Und weil der Körper für die soziale Rolle diese ungemein starke Bedeutung hatte, wurde er in der Bildkunst auch in solchen Szenen ohne Verhüllung gezeigt, in denen die Menschen selbstverständlich bekleidet waren: Krieger im Kampf, Jäger bei der Jagd, Knaben bei religiösen Ritualen konnten ohne Rüstung, Jagdkleidung und Festgewänder dargestellt werden. Die freie Darstellung des nackten Körpers, zunächst des männlichen, später auch des weiblichen Körpers, ist ein bekannter, aber höchst eigentümlicher Zug der griechischen und römischen Bildkunst. Götter und mythische Helden, aber auch Gestalten der Lebenswelt und Personen der Gegenwart werden vielfach mit unverhüllten Körpern vor Augen gestellt; bis in die Neuzeit haben klassizistische Kunstepochen diese Darstellungsform fortgeführt. Die traditionelle Kunstauffassung hat darin eine irreale Darstellungsweise gesehen, die über die alltägliche Realität hinausführt: eine »ideale Nacktheit«, die die dargestellten Gestalten in eine höhere »heroische« Sphäre hebe. Solche Deutungen sind, wie man heute sieht, stark von Vorstellungen des neuzeitlichen Idealismus geprägt und führen weit ab von den kulturellen Bedeutungen des Körpers in der Antike. Die Bildwerke der griechischen und römischen Kunst stellen die Götter, Heroen und Menschen in unverdeckter Ansicht dar, wenn sie ihre körperliche Kraft und Beweglichkeit, Majestät und Schönheit hervorheben wollen. Es sind die exzellenten Körper, die in den Gymnasien ausgebildet, bei den Wettkämpfen eingesetzt, bei den Initiationsritualen enthüllt wurden – und die man in gesteigerter Form auf die Götter und die mythischen Helden übertrug. Darum ist dies in einem tiefen Sinn eine realistische Kunst: Auch wenn die Körper in der Realität des Lebens verhüllt sind, sind es die realen Körper, in ihrer realen Gestalt, die zur Anschauung gebracht werden. Die griechische Kunst erfasst die Wirklichkeit über die begrenzte Sichtbarkeit hinaus. Das ist keine Minderung, sondern eine Steigerung des Sinnes für die Wirklichkeit.

Der Taucher von Paestum springt tatsächlich mit nacktem Körper ins Meer, ebenso wie die Mädchen am Strand ohne Hüllen baden. Ob der angelnde Knabe auf der Trinkschale tatsächlich die Kleider abgelegt hat oder vom Vasenmaler enthüllt worden ist, lässt sich kaum entscheiden. Alle Bilder aber sind Zeugnisse einer lebensweltlichen Körperkultur.

10.

BILDER DES LEBENS IM ANBLICK DES TODES

Warum aber diese Bilder der vitalen Lebensfreude in einem Grab? Die Frage, die viele Betrachter an eine symbolische Bedeutung, an einen Bezug zu Tod und Jenseits denken ließ, sollte nicht nur damit abgetan werden, dass die sachlichen Argumente in die Welt des realen Lebens weisen. Denn die Frage wirft eine spontane Erwartung auf, die auf ein grundsätzlicheres Problem führt. Die Erwartung einer eschatologischen Grabkunst ist offensichtlich vielfach von Vorstellungen heutiger Betrachter über Tod, Grab und Begräbnis geprägt, die nicht ohne Weiteres für die Antike gelten müssen. Wie aber wären dann die Bilder des Lebens am Grab zu verstehen?

In der Sicht und der Praxis der antiken Griechen waren Tod, Begräbnis und Grab Angelegenheiten, die nicht nur die individuellen Verstorbenen betrafen, sondern die ganze Gemeinschaft der Familie, der Verwandtschaft und Freunde und des weiteren sozialen Umfelds einschlossen. Es ging um weit mehr als darum, den Verstorbenen in Trauer, Liebe und Ehre aus dem Leben in die »ewige Ruhestätte« zu geleiten. Und es ging auch nicht nur um die Frage, ob und in welcher Form der Tote eine weitere Existenz führen würde – worüber die Vorstellungen unterschiedlich, oft eher vage und jedenfalls meist wenig zuversichtlich waren.

Im Vordergrund stand die soziale Gemeinschaft. Die Gemeinschaft der Lebenden hatte ein Mitglied verloren, und dieser Verlust bedeutete eine mehr oder minder starke Störung der Konstellation von Familie und sozialer Gruppe. Wenn eine ältere Person von Autorität, etwa gar Vater oder Mutter, gestorben war, musste eine andere Person an die Stelle treten und musste die Hierarchie in Familie und Verwandtschaft neu bestimmt werden; wenn ein Sohn oder eine Tochter in frühem Alter aus dem Leben gerissen worden war, war die Familie ihrer großen Hoffnung beraubt worden, die Lücke musste emotional geschlossen und bewältigt werden. Und in jedem Fall musste der oder die Verstorbene einen neuen Platz im genealogischen Gedächtnis der Familie bekommen, an dem er oder sie eine exemplarische Rolle für die Überlebenden übernehmen konnte: Die Verstorbenen mussten in einem neuen Sinn, *als Verstorbene*, zu Mitgliedern der konzeptionellen Gemeinschaft der Lebenden und der Toten gemacht werden.

Das bedeutete aber, dass diese Gemeinschaft der Überlebenden sich in der Phase der Störung der gemeinsamen Lebensformen und Wertvorstellungen vergewissern musste, die die Kontinuität sichern sollten. Eine probate Form, dies zu bewirken, waren die Bilder am Grab: Die Toten wurden als glanzvolle Vertreter ihrer Familie vergegenwärtigt, und ihre Lebenswelt wurde in ihrem sozialen Glanz evoziert. Dazu gehörten bei männlichen Toten zum einen die Leitbilder der Männlichkeit, vor allem Krieg, Jagd und Athletik, zum anderen die Sphären des glücklichen Lebens, das Symposion – und die Freuden der Jugend. Ganz besonders hat es die Griechen, in den Familien wie in den gesamten Bürgerschaften, getroffen, wenn junge Männer und Mädchen vor der Erfüllung des Lebens, vor der Hochzeit und der Gründung eines eigenen Hausstandes, aus dem Leben gerissen wurden. Für die vornehmen jungen Toten wurden die meisten und schönsten Grabmäler geschaffen und errichtet, in denen der soziale und der psychische Verlust untrennbar zusammen gehen.

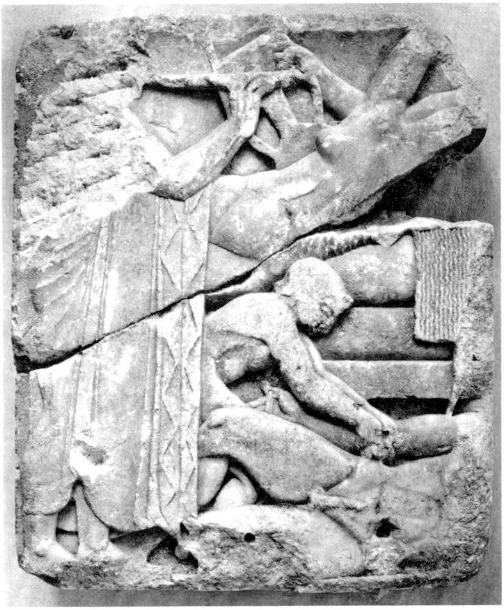

Abb. 42: Ekstatisches Gelage mit Flötenspieler. Grabrelief (?). Kos, Archaiologikon Mouseion. Um 490 v. Chr.

In den Jahrzehnten um 500 v. Chr., als die Welt der archaischen Lebenskultur auf ihren Höhepunkt kam und das anbrechende Zeitalter der »Klassik« zu einer freieren Entfaltung der Lebensformen führte, sind Reliefbilder von einer überbordenden Vitalität entstanden, die offenbar Grabmäler der reichen Oberschicht schmückten. Aus Athen stammt eine Basis für die Statue eines jungen Mannes, an der Szenen einer ungemein lebensfrohen Jugend geschildert werden: Epheben üben sich im Wettlauf, Ringkampf und Speerwurf, vergnügen sich beim körperfreien Ballspiel, lassen zum Vergnügen Hund und Katze an der Leine gegeneinander los. Ein einzigartiges Relief von der Insel Kos führt ein exzessives Gelage von Jugendlichen vor (Abb. 42): auf einer Kline ein Paar beim unverhüllten Sex; darunter liegend ein volltrunkener junger Mann mit erigiertem Penis, dem ein Knabe aufzuhelfen sucht; alles zur aufreizenden Musik eines Aulos-Spielers, und sicher kein Bild eines glücklichen

Lebens im Jenseits. In dieser Zeitstimmung ist auch das Grab von Paestum mit dem erotischen Gelage und dem glanzvollen Springer zu verstehen. Solche Bilder des blühenden Lebens hielt man sich im Angesicht des Todes vor Augen – weil dies die Lebenswelt des Verstorbenen war, die er jetzt exemplarisch für die Überlebenden im Gedächtnis repräsentieren sollte.

Dabei spielten zwei Faktoren eine eminente Rolle, deren gesellschaftliche Bedeutung zunächst nicht auf der Hand zu liegen scheint: Eros und Rausch. Es ist bezeichnend für die griechische Lebenskultur, dass zwei zentrale Institutionen der Gesellschaftsordnung nahe an der physischen Sinnlichkeit angesiedelt sind. Zum einen die Gemeinschaften der Männer: Die sozialen Gruppierungen der männlichen Bürger versammelten und konstituierten sich beim Trinkgelage, dem Symposion, um den Krater: Hier wurden, zumal in der archaischen Zeit, die politischen Bündnisse geschlossen und die Diskurse über gesellschaftliche Fragen geführt, immer unter der stimulierenden Wirkung des Weines. Zum anderen die erotischen Verbindungen zwischen den Geschlechtern und den Generationen: Die Beziehungen zwischen Erwachsenen und Jugendlichen wurden innerhalb der Geschlechter-Gruppen der Männer und zum Teil auch der Frauen in einem hohen Maß auf homoerotische Anziehung begründet; und bei der Schließung der Ehe spielte heteroerotische Attraktivität zwischen Bräutigam und Braut eine entscheidende Rolle. In der Literatur wie der Bildenden Kunst stehen diese Themenkreise überall markant im Vordergrund: Der größte Kriegszug der mythischen Vorzeit, der Krieg um Troia, wurde durch die Liebesaffäre des troianischen Prinzen Paris und der griechischen Königsgemahlin Helena provoziert; die Epen Homers, die davon berichten, wie auch die reiche lyrische Dichtung der archaischen Zeit wurden weitgehend zum Vortrag bei den Symposien verfasst; und die berühmteste Brautwerbung dieser Zeit, um die Tochter des Herrschers von Sikyon, für die die vornehmsten Freier aus ganz Griechenland sich zur Prüfung ihrer aristokratischen Qualitäten eingefunden hatten, kulminierte in einem Gelage – bei dem der bisherige Favorit sich spektakulär daneben benahm und die sicher geglaubte Hochzeit noch verspielte. Selbst die hochfliegenden Konzepte des Atheners Kleisthenes und seiner Freunde zur politischen Neuordnung Athens nach der Vertreibung der Tyrannen können wohl nur in der vom Wein stimulierten Atmosphäre gemeinsamer Symposien entwickelt worden sein. Dionysos, der Gott des Gelages, und Aphrodite, die Göttin der Liebe, waren *die* großen Mächte des sozialen Zusammenhaltes.

Für eine Sicht, die Griechenland als Ursprung einer rationalen abendländischen Kultur sieht, ist ein derartiger vitalistischer Untergrund nicht leicht zu akzeptieren. In der Forschung wird darum gerne betont, dass diese Praktiken von einem strengen Verhaltenscodex eingegrenzt wurden: Bei den Symposien wurde der Wein nur in starker Vermischung mit Wasser genossen, der Konsum wurde mit strengen Regeln kontrolliert. Bei den homoerotischen Verbindungen zwischen erwachsenen Liebhabern und Epheben war starke Zurückhaltung gefordert, direkte sexuelle Übergriffe wurden schwer geahndet. Die erotischen Beziehungen zwischen Eheleuten werden ohnehin in der Regel nicht eben als heiß eingeschätzt. Doch was die eheliche Erotik betrifft, so ist dies Urteil inzwischen als irreführend erwiesen worden: In der Regel führten Eheleute ein durchaus aktives Liebesleben. Die kontrollierten Formen des Konsums von Wein und der homoerotischen Verbindungen sind dagegen gut überliefert. Aber dies ist nur die Hälfte der Wahrheit – und wohl nicht die interessantere Hälfte. Denn wenn Kontrollen von Verhaltensformen eingeführt werden, muss es erst einmal etwas zu kontrollieren geben. Entscheidend ist, dass in Griechenland überhaupt Wein und Eros eine so zentrale Rolle für den gesellschaftlichen Zusammenhang spielten. Wenn dabei Kontrollen des Verhaltens eingesetzt wurden, so zeigt das nur, wie nahe die gewollte Vitalität an der Grenze zur Überschreitung lag.

Das Grab von Paestum führt diese Konstellation von dionysischer Inspiration und athletisch-erotischer Körperlichkeit vor Augen. Es sind Szenen der ›realen‹ Lebenswelt – aber diese Realität ist nicht eine zufällige oder beliebige Zusammenstellung alltäglicher Vergnügungen und biographischer Episoden, sondern eine Konstellation von signifikanten sozialen Praktiken und Situationen: Springen und Baden an der Meeresküste, in der Sphäre des Draußen, gegenüber dem Symposion im städtischen Drinnen. Die beiden Szenen weisen auf eine soziale Welt, die in signifikante Räume der Lebensführung und prägende Zeiten der Lebensalter gegliedert ist. Diese Lebenswelt ist in ihren Formen ein von den menschlichen Gesellschaften gestalteter und konzeptuell strukturierter Kosmos. Es ist diese Ordnung des Lebens, in der die Menschen sich selbst, das heißt ihren Erfahrungen und Handlungen, Orientierung geben.

In dem Deckenbild der Tomba del Tuffatore und auf der Amphora der badenden Mädchen geht es um die Altersstufen der Jugend im Übergang zur Stufe der Erwachsenen. In den Wandbildern des Symposions werden die Altersstufen der Jugendlichen und ihrer älteren Liebhaber in einer ungemein feinen Abstufung vor Augen geführt. Implizit sind sie alle in ein Verhältnis zu den weiteren Altersstufen der antiken Lebensordnung gesetzt. Jede dieser Altersstufen legt bestimmte Rollen im sozialen Leben der Gemeinschaft fest. Und diese Rollen gehören in bestimmte Räume. Das Grab in Paestum stellt die Räume der Gelagekultur in der Stadt und der Körperkultur in der freien Natur einander gegenüber. Dabei stellen die fernen Räume, in diesem Fall die Küsten des Meeres, Situationen des Wandels dar, der Offenheit, des Risikos, des Übermuts, der neuen Herausforderungen und der Entfaltung neuer Kräfte und Fähigkeiten, die für die Jugend konstitutiv und notwendig sind. Es ist diese sinnerfüllte Diesseitigkeit, die die Kunst und Kultur der frühen mediterranen Gesellschaften auszeichnet.

Die Kehrseite der Medaille ist, dass den Griechen dieser Zeit bei der Entfaltung ihrer vitalen aristokratischen Lebensformen die Brüchigkeit dieses Glanzes vielfach vor Augen stand. Das mythische

Vorbild ist Achill: Der größte Held war früh vor die Wahl zwischen einem langen Leben von normalem Zuschnitt oder einem ruhmreichen Leben mit frühem Tod gestellt worden – und er hatte den Ruhm gewählt. Seine ganze Lebensbahn als Held ist antizipierend geprägt von der Gewissheit des Abbruchs in jugendlichem Alter. Viele Bilder Achills, die man sich auf Vasen vor Augen hielt, sind von dieser Erwartung erfüllt: Sie schildern seine Ausrüstung mit den glanzvollsten Waffen, die der göttliche Schmied Hephaistos gefertigt hat, durch seine göttliche Mutter Thetis und deren jugendschöne Schwesten, die Nereiden – für einen Krieg, aus dem er nicht lebend zurückkehren wird. Und sie zeigen ihn als Sieger gegen Aias, den zweitgrößten Helden, beim vornehmen Brettspiel – bei dem das drohende Schicksal des Todes für beide präsent ist.

Die Bilderwelt der griechischen Kunst in archaischer Zeit ist erfüllt von einer glanzvoll schönen Lebenskultur – aber im Hintergrund wird immer wieder das Bewusstsein der Vergänglichkeit und Endlichkeit des Glanzes sichtbar. Die überwältigende Diesseitigkeit der Griechen erhält dadurch ihre Tiefendimension. Nirgends wird das so prägnant deutlich wie in der Inschrift einer (verlorenen) Grabstatue für einen jungen Athener, die den vorbeikommenden Wanderer anspricht:

»Sieh an das Grabbild des Kleoitas und klage,
Wie schön er war und doch sterben musste!«

11.

DAS GRAB IN PAESTUM: DER VERSTORBENE, SEINE LEBENSWELT UND SEIN TOTENRAUM

Die Bilder des Grabes von Paestum stehen zwar in vielfältigen Zusammenhängen der antiken Lebenskultur: der Lebensalter und Lebensräume, der Körperkultur, der Erotik, und so fort. Sie alle beziehen sich aber auf die individuelle Person des Verstorbenen und die Welt, in der er gelebt hatte. Was sagen sie über ihn aus? Und für wen sagten sie etwas aus, wer konnte die Bilder in dem Grab überhaupt sehen?

DIE BILDER UND DER TOTE. Wir kennen den Grabherrn nicht: Keine Inschrift nennt uns seinen Namen, aus dem wir vielleicht seine familiäre oder soziale Zugehörigkeit erschließen könnten. Die Reste des Leichnams sind zerfallen, die sein Alter, seinen Gesundheitszustand, die Ursache seines Todes, möglicherweise seine ethnische Zuordnung erkennen lassen könnten. Wir können das Grab aufgrund der Stilformen der Gemälde und der Formen der wenigen Grabbeigaben etwa in die Zeit um 480 v. Chr. datieren, aber wir wissen kaum etwas über die Geschichte der Stadt Poseidonia-Paestum in dieser Zeit, so dass die reinen Jahreszahlen nicht viel über die Umstände seines Lebens aussagen. Wir haben nur das Grab und seine Bilder.

Aber wir erfahren viel über das kulturelle Umfeld, in dem der Grabherr gelebt hat. Es ist wahrscheinlich, dass er das Grab nicht selbst zu Lebzeiten angelegt hat: Stuckierung und Malerei sind rasch ausgeführt worden, offenbar im Auftrag seiner Angehörigen, vielleicht nach einem überraschenden frühen Tod. Daraus kann man annehmen, dass die Themen der Ausmalung nicht seinem ganz subjektiven Geschmack entsprungen sind, sondern kollektivere Vorstellungen der Familie und seiner sozialen Gruppe repräsentieren.

Die Frage liegt nahe, ob der Verstorbene selbst dargestellt ist. In dem Symposion ist keiner der gelagerten Teilnehmer besonders hervorgehoben: Eher wird hier eine allgemeine Szenerie jener vornehmen und vitalen Lebenswelt geschildert, der auch der Verstorbene angehört hatte. Manche Forscher sehen den Grabherrn in dem Epheben an der Westwand mit der auffallenden blauen Schärpe, der mit der Flötenspielerin und einem älteren Begleiter in der festlichen Gemeinschaft ankommt. Das ist möglich, aber kaum beweisbar. Anders könnte das Bild der Deckplatte gemeint sein: Dort ist der einzelne Taucher herausgehoben, und das Thema ist so singulär, dass es sicher in speziellem Bezug auf den Verstorbenen gewählt worden ist. Man möchte sich gerne vorstellen, dass er in jungen Jahren gestorben ist: Jugendliche, die ein früher Tod ereilt hatte, wurden besonders betrauert und mit besonders reichen Gräbern geehrt. Dennoch ist auch hier kaum sicher zu entscheiden, ob *der* individuelle Verstorbene dargestellt ist oder ein typischer Ephebe *wie der* Verstorbene. Letzten Endes ist das vielleicht Haarspalterei: Die Bilder sagen etwas über den einen Verstorbenen als Angehörigen einer sozialen Elite und ihrer Lebenskultur aus.

Diese Lebenskultur ist griechisch. Sie ist ein Produkt jener Griechen, die vier Generationen zuvor aus der griechischen Stadt Sybaris eingewandert waren und Poseidonia-Paestum gegründet hatten. Sie werden sicher Angehörige der ortsansässigen Bevölkerung oder auch Zuwanderer aus anderen Regionen Italiens aufgenommen haben, doch werden diese sich in die dominante griechische Gesellschaft und ihre Lebenskultur weitgehend integriert haben. Dabei bildete die Stadt ein eigenes lokales Profil aus, das vor allem auch durch die Lage am Rand der griechischen Kultur geprägt war, und mit diesem kulturellen Profil schloss sie sich mit anderen Städten Unteritaliens und Siziliens zu einer Kulturregion zusammen, die man als Magna Graecia, Großgriechenland, bezeichnete. Aber dieser Name besagt auch, dass dies ein Teil der griechischen Kulturgemeinschaft war, innerhalb derer auch die anderen Städte und Regionen ihre eigenen Profile ausbildeten.

DER GRABHERR AN SEINEM ORT. Lässt sich die kulturelle Stellung der Tomba del Tuffatore noch genauer bestimmen? Was besagt sie über die kulturelle Identität des Grabherrn? Sagt sie gar etwas über seine ethnische Zugehörigkeit? Wenn uns schon sein Name verborgen bleibt, wird er nicht wenigstens als soziale Person greifbar? Doch so sehr unser Blick in die Geschichte spontan auf individuelle Menschen gerichtet sein mag: Die Archäologie gibt dazu selten Antworten, sondern führt meist auf allgemeinere Phänomene – die darum nicht weniger aufschlussreich sind. Die Tomba del Tuffatore lässt einen kulturellen Pluralismus erkennen, der die so beliebte Frage nach ›Identität‹ als eher problematisch erscheinen lässt.

Die Form des Kistengrabes entspricht einem üblichen Typus in Paestum, in Unteritalien und in anderen Regionen der griechischen Welt. Die wenigen Beigaben, ein Ölgefäß und der Panzer einer Schildkröte, wohl der Schallkörper einer Lyra, sind griechisch; wie griechisch die darauf gespielte Musik war, kann man nicht wissen. Stuckierung und Ausmalung der Innenwände, allerdings meist ornamental, finden sich verschiedentlich in Unteritalien. Einzigartig, zusammen mit einem weiteren Beispiel aus Capua, sind dagegen die reichen figürlichen Malereien im Inneren des Grabes von

Paestum. Wahrscheinlich wurde das Konzept aus Etrurien, besonders aus Tarquinia, übernommen, wo seit Generationen die großen Kammergräber der führenden Familien reich ausgemalt wurden. Doch diese entsprachen mit ihren Mehrfachbestattungen der Struktur der etruskischen Großfamilien, die Form des individuellen Kistengrabes dagegen gehört in die Welt der griechischen Polis. Dem entsprechend waren die Malereien in den etruskischen Gräbern bei späteren Begräbnissen für Betrachter zugänglich, während sie in Paestum für immer verschlossen blieben.

Ebenso vielseitig sind die kulturellen Bezüge der Bildthemen. Das Trinkgelage steht griechischen Formen der Symposion-Kultur nahe, der Krater hat eine Form, die im westlichen Lukanien südlich und östlich von Paestum verbreitet war. Als Bildschmuck von Gräbern kommt das Symposion in Griechenland nur ganz selten, dagegen häufig in Etrurien vor. Der Springer gehört, wie wir gesehen haben, in eine körperfrohe Jugendkultur Griechenlands, die jedoch bis Etrurien ausgestrahlt hat. Eine kulturelle Identität lässt sich aus all dem nicht erkennen.

Grundsätzlich bedeutet die Übernahme kultureller Formen aus anderen Orten, Regionen und Ländern in der Antike kaum je ein ›Bekenntnis‹ zu einer bestimmten kulturellen Identität. Heute tragen wir Blue Jeans, trinken Grappa und fahren Toyota, ohne damit amerikanische, italienische oder japanische Identität zu signalisieren. In der ganzen griechischen Welt trug man »korinthische« Helme, mischte den Wein in »lakonischen« Krateren, kleidete sich in »milesische« Seide, benutzte »sidonischen« Purpur und »tartessische« Bronze, die man nach den Orten ihrer Herkunft benannte, ohne aber damit eine kulturelle Identität von Korinth, Sparta, Milet, Sidon (in Phönikien) oder Tartessos (in Spanien) anzunehmen. Man schätzte diese Orte für ihre kulturellen Produkte, die man ohne Gefühl von Fremdheit in die eigene Lebenskultur integrieren konnte. Das muss auch für die Ausmalung der Tomba del Tuffatore gelten: Die Maler, wo immer sie aufgewachsen waren und ihre Ausbildung erhalten hatten, standen in griechischer Tradition, die Anregung zur Ausmalung der Innenwände mit figürlichen Szenen mag aus Etrurien gekommen sein, die Bildthemen aber weisen jedenfalls in eine Lebenskultur, die im ganzen griechischen Raum verbreitet war: das Symposion in den Zentren, die Zusammenkünfte am Meer in den Randzonen des gesellschaftlichen Lebens.

Letzten Endes aber sind dies großräumige kulturgeschichtliche Zusammenhänge, die aus der Perspektive des Historikers von Bedeutung sind, jedoch weder für den Toten noch für die Überlebenden zählten. Der Grabherr wollte und sollte sicher nicht als Repräsentant historischer Verhältnisse, Einflüsse und Bewegungen begraben werden, sondern als Mitglied der sozialen Gemeinschaft in der eigenen Stadt, in der er als Lebender eine Rolle gespielt hatte und die ihm nun einen neuen Platz unter den Toten zuwies.

Wie, wo und in welchen Formen können wir uns das in Paestum vorstellen? Das Meer war in Paestum unübersehbar präsent. Die Stadt hatte ihren Namen von Poseidon, dem Gott des Meeres, in der Antike lag sie direkt am Ufer. Die fruchtbare Ebene hatte eine lange flache Küste, von der Grenze des Territoriums an der Mündung des Sele-Flusses im Norden bis weit nach Süden, wo die Felsen des heutigen Agropoli die andere Grenze markierten. Orte der männlichen und weiblichen Jugend zum Springen und Schwimmen sind bisher nicht nachgewiesen. Aber Situationen wie die Felsen von Thasos und der gemalte Turm des Tuffatore am flachen Strand, von denen keine nachweisbaren Spuren menschlicher Nutzung erwartet werden müssen, lassen sich an vielen Plätzen vorstellen.

Die heranwachsenden Mädchen von Paestum hatten mehrere Orte am Wasser für die Rituale des Übergangs zur heiratsfähigen Braut. An dem kleinen Fluss Capodifiume, südlich der Stadt, lagen drei Heiligtümer für Brautbäder, eines nahe der Quelle, ein großes direkt vor dem Tor der Stadtmauer, ein drittes an der Mündung. Hinzu kam das große Heiligtum der Hera, neun Kilometer nördlich der Stadt. Wegen der starken Verlandung der Ebene seit der Antike, mit einer Verschiebung der Küstenlinie um anderthalb Kilometer, ist heute kaum mehr zu ahnen, wie ähnlich die Situation dem Ort gewesen sein muss, an dem Nausikaa mit ihren Dienerinnen sich mit Schwimmen und Ballspielen erfreute: weit außerhalb der städtischen Siedlung, an der Mündung des Sele-Flusses gelegen, mit reicher Flora von Blumen, vielleicht um eine Lagune. Die Tänze, die die Mädchen im Heiligtum zur Ehre der Göttin aufführten, sind auf den Metopen mit anmutiger Lebendigkeit geschildert (Abb. 8). Wer will, mag sich hier auch einen vor Einblicken geschützten Badeplatz vorstellen.

Daneben wurde Hera in dem Heiligtum am Sele auch, wie die Weihung von Waffen und Pferdestatuetten zeigt, von jugendlichen Männern und Jung-Kriegern verehrt. Das nahe Meer hätte ihnen dort allerdings wegen seines flachen Ufers allenfalls das Schwimmen, nicht das Springen erlaubt. Anders war die Situation im Süden, am Vorgebirge von Agropoli. Dort wären Felsen für den Kopfsprung ins Meer zu suchen. Oder geeignete Orte für einen Turm. Eine Aufgabe für die Zukunft.

BILDERWELT UND BETRACHTER. Für wen aber wurden die Bilder des Grabes gemalt? Die Frage ist irritierend, sie wird immer wieder von den Betrachtern im Museum gestellt. Sicher wurden die Bilder erst nach dem Tod des Verstorbenen gemalt, die Beisetzung muss dann so rasch wie möglich gefolgt sein, und danach wurde das Grab für immer verschlossen. Die ausgemalten Kammergräber Etruriens wurden wenigstens bei späteren Begräbnissen von Angehörigen der Familie wieder geöffnet und konnten dabei betrachtet werden. Bei der Tomba del Tuffatore dagegen gab es nur während der einen Begräbnisfeier Gelegenheit zum Betrachten der Ausmalung. Dabei werden die sicher gedrängt versammelten Männer und Frauen kaum längere Zeit in einer Position gestanden haben, in der sie die Gemälde gut sehen und in den Einzelheiten wahrnehmen konnten; sie werden auch mit vielen anderen Dingen beschäftigt gewesen sein als mit dem Betrachten und Interpretieren der Bilder. Ist das Kunst ohne Betrachter?

Antike Erklärungen sind nicht überliefert; wir können nur Vermutungen anstellen, wie man in der Antike darüber gedacht hat. Sie bewegen sich auf zwei Ebenen.

Ein starkes Anliegen war es, dem Toten ein erfreuliches und seinem sozialen Status angemessenes Ambiente zu schaffen. Das konnte man durch Beigaben erreichen: Kleidung und Rüstung, Schmuck, glanzvolle Gefäße und Geräte. Und durch aufwändige Ausstattung des Grabes: etwa in Stein gehauene Totenbetten oder Ausmalung der Wände. Die Tomba del Tuffatore barg nur sehr wenige mobile Beigaben: ein Gefäß für Salböl und wohl die Reste einer Leier. Dafür wurde der Tote aber durch die Malereien in die Welt seines sozialen Lebens versetzt: An den Wänden des Grabes war er für immer umgeben von einem Symposion, und von oben sprang ein Ephebe, wie er selbst einer gewesen war, gewissermaßen in den Kreis der Symposiasten hinein, zu denen er bald gehören würde. Die Malereien in dem Grab sind für den Toten bestimmt.

Das Symposion war die höchste Form der aristokratischen Sphäre, der der Tote im Leben angehört hatte. Die Gemälde nahmen ihn auch im Grab in diese Sphäre hinein, und man mag sich vorstellen, dass er auch als Verstorbener weiter an dieser Sphäre teilhaben sollte. Einige Grabepigramme, allerdings aus späterer Zeit, bezeugen diese Vorstellung des Toten beim Gelage. Wenn das so gemeint ist, dann ist dies aber in keinem Fall eine transzendente Seligkeit, die grundsätzlich von den Bedingtheiten des irdischen Lebens ›erlöst‹ ist, sondern eine Fortsetzung des sozialen Status und seiner glücklichen Lebensformen. Dasselbe gilt für das Bild des Tauchers, das keine Metapher der Transzendenz ist, sondern eine Inkunabel seiner Lebenssphäre, die ihn auch im Tod umgibt.

Darüber hinaus aber ist die Unsichtbarkeit der Bilder im Grab ein viel weiter reichendes Phänomen. Verwehrte oder stark eingeschränkte Sicht gilt für einen großen Teil der antiken Bildkunst. Die Bildwerke der Antike wurden häufig nicht in optimaler Sichtbarkeit präsentiert. Sie waren keine Objekte musealer Ausstellung, sondern hatten ihre Funktionen in den öffentlichen und privaten Lebensräumen, eingebunden in die Praxis des sozialen, religiösen und kulturellen Lebens. In den Tempeln standen Kultbilder der Götter, die bei religiösen Festen durch die geöffnete Tempeltüre sichtbar gemacht wurden, sonst aber die Gottheit in ihrem geschlossenen Haus repräsentierten. Sie sicherten die Präsenz der Gottheit, auch ohne visuelle Wahrnehmung. In den Heiligtümern wurden Bildwerke als Votivgaben für die Götter aufgestellt, vorzugsweise an gut sichtbaren Standorten, oft aber in einer Dichte, die die Sicht stark einschränkte. Ihre reine Präsenz, als Geschenk an die Gottheit, war ein Wert für sich, über die optimale Sichtwirkung hinaus. Ähnlich ungünstig war die Situation bei dem reichen Bildschmuck von Tempeln und anderen Gebäuden: Metopen, Friese und Giebel hatten ihren Platz in großer Höhe, wo sie nur aus weiter Distanz und in steiler Unteransicht zu betrachten waren; sie konnten sich an den Rückseiten fortsetzen, auch wenn diese unzugänglich waren. Die Antike ist darin nicht einzigartig: Auch gotische Kathedralen haben an Außenwänden, auf Dächern und an Türmen einen außerordentlich aufwändigen Skulpturenschmuck, der sich in großer Höhe der genauen Betrachtung weitgehend entzieht. Die Bauwerke sollten durch reichen Schmuck, mit Statuen, Reliefs oder Ornamenten, einen hohen kulturellen Wert erhalten, und diese Wirkung wurde erreicht, auch wenn der Schmuck nicht im Detail und nicht vollständig sichtbar war. Im Gegenteil: Der Betrachter musste überzeugt sein, musste wissen, ohne es zu sehen, dass alle Elemente des Schmuckes bis in die Höhe und an die Rückseite perfekt ausgeführt waren.

Dies gilt ebenso für die Ausstattung der Gräber. Die Ausstattung der Grabkammer mit Bildern und die Versorgung des Toten mit Beigaben sind ein Wert, der unabhängig von der Sichtbarkeit ist.

Dieser Wert war in dem Wissen der Überlebenden verankert, dass der Verstorbene ein Ambiente erhalten hatte, das seinem Rang entsprach. Die Kunst ist ein Akt, dessen Bedeutung über seine Wahrnehmung hinausgeht.

12.

AUSBLICK

So unmittelbar die Bilder der Tomba del Tuffatore dem heutigen Betrachter ins Auge springen, so sehr widersprechen sie doch vielem, was wir heute von Kunst erwarten: subjektive Kreativität des Künstlers für individuelle Deutung des Betrachters. Es sind Bilder, die vom Auftraggeber und Künstler her keine individuellen Aussagen machen, die vom Betrachter nicht nach individuellen Erfahrungen gelesen werden wollen, sondern die das Leben in seinem höchsten Glanz als Sache der Gemeinschaft und eines ihrer prominenten Vertreter vor Augen stellen – vor dem impliziten Hintergrund des allen gleichermaßen drohenden Todes.

Diese Ideale der körperlichen Schönheit und des glanzvollen Lebens haben ihre Kehrseiten, für die Antike wie für die Gegenwart.

Für die Menschen der Antike muss es oft anstrengend gewesen sein, mit den allgegenwärtigen Bildern idealer jugendlicher Schönheit zu leben. Sie konfrontierten die Betrachter mit Maßstäben, denen wohl viele nicht leicht genügen konnten. Körperliche Perfektion war ein Oberschichten-Privileg von hoher Exklusivität, das nicht ganz selbstverständlich mit allgemeinen sozialen Normen und Werten vereinbar war. Der Dichter Archilochos hatte es schwer, einen Feldherrn voller Herz und Mut, aber klein gewachsen und krummbeinig, zu preisen gegenüber einem, der sich nur durch hohe Gestalt, weiten Schritt, reiches Haar und vornehm gepflegten Bart auszeichnete. Dieser aus heutiger Sicht schwer verständliche und für viele auch anstößige Vorzug körperlicher Schönheit wurde allerdings dadurch gemildert, dass dabei nicht so sehr die angeborenen Vorgaben der Natur, sondern vor allem Qualitäten des physisch-sozialen Verhaltens im Vordergrund standen, die durch kulturelle Ausbildung erworben werden konnten: durch athletisches Training des Körpers und Kultivierung von überzeugenden Formen des Auftretens, in Haltungen und Bewegungen, Gestik und Mimik. Griechische Körper waren in hohem Maß Produkte sozialer Formung; dabei ging es, weit über rein natürliche Schönheit hinaus, um einen allgemeinen ›einnehmenden‹ persönlichen Habitus. In diesem Sinn konnte Perikles, dessen »Zwiebelkopf« Gegenstand manchen Spottes war, gleichwohl durch sein bewusst zur Schau getragenes Auftreten als Idealbild eines athenischen Bürgers erscheinen. Sogar Platon, der Vertreter eines umfassenden Begriffs des »Schönen«, das zugleich das »Gute« einschloss, nennt als Eigenschaften des idealen Herrschers zwar »nach Möglichkeit« die beste Gestalt, vor allem aber ethische Tugenden der Tapferkeit, Beständigkeit und Verlässlichkeit.

Jedoch: Auch diese Ausbildung der körperlichen Erscheinung war ein exklusives Privileg der sozialen Oberschichten, das den Freiraum für den Besuch der Sportstätten, die Teilnahme an den athletischen Wettbewerben, die herausgehobene Rolle bei den religiösen Festen und die Kommunikation in den Kreisen der privaten Symposien voraussetzte. Die unteren Schichten, die ihr Leben mit ihrer Hände Arbeit verbrachten, waren von dieser Körper- und Lebenskultur der strahlenden Exzellenz ausgeschlossen, und die Vornehmen scheuten sich auch nicht, ihnen diese Minderwertigkeit vor Augen zu halten. Diese Kehrseite ist bei einer Bilanz der griechischen Lebenswirklichkeit nicht zu übersehen.

Für heutige Betrachter ist dies eine Welt, die nur dann in produktiver Weise verstanden werden kann, wenn wir sie nicht mit den Maßstäben der eigenen Gegenwart messen. Seit der Antike haben sich die Vorstellungen von Körper und Seele, Leben und Tod und den sozialen Rollen der Altersstufen und Geschlechter grundlegend geändert. Keine humanistische Tradition kann heute als Deckmantel für pädophile Pädagogik in Schulen oder Kirchen herhalten. Wenn wir der griechischen Jugendkultur etwas abgewinnen wollen, müssen wir auf andere Seiten sehen.

Diese Bilder richten den Blick auf die Jugend, als die größte Hoffnung der Gemeinschaft, aber sie lassen die Jugend nicht für sich: Im Symposion sind es die älteren Männer, die sich den Jungen hingerissen zuwenden und sie in die Welt der Erwachsenen einführen, und auch der einsame Springer vollführt seinen Kopfsprung vor den imaginierten Augen bewundernder (männlicher) Zuschauer. Es sind freie Welten, in die die Jugendlichen entlassen werden, aber in der affektiven Leitung der Älteren. Heute setzt man die Jugendlichen unter Zwänge der Anpassung und des materiellen Erfolgs und lässt sie kulturell und emotional allein. Wir können und sollen die Griechen nicht wiederholen oder nachahmen. Aber sie können uns zum Nachdenken führen, wie wir das Leben einrichten wollen.

WISSENSCHAFTLICHER ANHANG

ZUR FORSCHUNG ÜBER DIE TOMBA DEL TUFFATORE

(Die hier aufgeführten Titel werden im Folgenden mit Autor und Jahreszahl abgekürzt zitiert.)

Die grundlegende Publikation ist Mario Napoli, *La Tomba del Tuffatore. La scoperta della grande pittura greca* (1970).

Ausführliche neue Bibliographie mit kurzer Übersicht über die Forschung bei Maria Emanuela Oddo, in: Gabriel Zuchtriegel, s. unten (2018/2) S. 137–145.

Wichtige weitere Titel, mit kurzen Angaben zum Inhalt (Auswahl):

Ranuccio Bianchi Bandinelli, Rezension zu Mario Napoli, *Dialoghi di Archeologia* 1 (1970–71) S. 135–142. – Lokaler Reflex der griechischen Malerei. Sprung vom Leben in den Tod.

Massimo Pallottino, »Qualche riflessione sulla Tomba del Tuffatore di Paestum«. *Colloqui del Sodalizio* 3 (1970–1972) S. 59–67. – Lokale großgriechische Malerei zwischen griechischem Stil und etruskischer Grabkunst.

Michelangelo Cagiano de Azevedo, »Nugae sulla Tomba del Tuffatore di Paestum«, *Revue Archéologique* (1972) S. 267–270. – Bilder der Lebenswelt, in der der Grabherr fortlebt.

Agnès Rouveret, »La tombe du plongeur et les fresques étrusques«, *Revue Archéologique* (1974) S. 15–32. – Ikonographie des Symposions in griechischer Tradition.

William J. Slater, »High Flying at Paestum«, *American Journal of Archaeology* 80 (1976) S. 423–425; 81 (1977) S. 554–555. – Akrobatischer Taucher als Unterhaltung in realem Symposion.

Pierre Somville, »La tombe du plongeur à Paestum«, *Revue de l'histoire des religions* 196, 1 (1979) S. 41–51. – Durchgängige Deutung als metaphorische Darstellung pythagoreischer Todes- und Jenseitsvorstellungen.

Bruno D'Agostino, »Le sirene, il tuffatore e le porte dell'Ade«, *Annali di Archeologia e Storia antica* 4 (1982) S. 43–50. – Turm als Tor des Hades, Geographie des Randes der Welt, Kopfsprung als Metapher des Untergangs und Aufgangs der Sonne.

Emanuele Greco, »Non morire in città«, *Annali di Archeologia e Storia antica* 4 (1982) S. 51–56. – Periphere Lage der Nekropole der Tomba del Tuffatore. Zugehörigkeit zu einer Gruppe von Nicht-Bürgern, die zwischen Stadt und Hafen siedelte.

Wolfgang Rösler, »Eine Komos-Darstellung im ›Grab des Tauchers‹ in Paestum?«, *Archäologischer Anzeiger* (1983) S. 13–15. – Komos nach dem Symposion auf der Westwand.

Luca Cerchiai, »Le Tombe del Tuffatore e della caccia e della pesca«, *Dialoghi di Archeologia* 5, 2 (1987) S. 113–123. – Metaphorische Analogien von Tauchen und Kottabos, Meer und Wein, zum Ausdruck transrationaler Erfahrungen von Eros, Rausch und Tod.

Oswyn Murray, »Death and the Symposion«, *Annali di Archeologia e Storia antica* 10 (1988) S. 239–257. – Symposion nicht eschatologisch.

Agnes Rouveret, »Les langages figuratifs de la peinture funéraire paestane«, in: *Poseidonia – Paestum. Atti del 27 convegno di studi sulla Magna Grecia* (1988) S. 259–315, bes. 279–282. – Hybrider Charakter der Tomba zwischen den Kulturen Etruriens und Unteritaliens, in dominanter griechischer Bildsprache.

Brinna Otto, »Die Fresken der Tomba del Tuffatore in Paestum«, in: *Echo. Beiträge zur Archäologie des mediterranen und alpinen Raumes* (1990) S. 263–276. – Orphisch-pythagoreisch-dionysische Mysterien: Untertauchen, Aufstieg, Wiedergeburt.

Pier Giovanni Guzzo, »Il corvo e l'uovo. Un'ipotesi semantica«, *Bollettino d'Arte* 6, 67 (1991) S. 123–128. – Orphisch-pythagoreischer Schamanismus. Verbindung von Welt der Lebenden und der Toten.

Angelo Bottini, *Archeologia della salvezza* (1992) S. 85–91. – Ei (in der Hand eines Symposiasten) als Jenseitssymbol. Orphisch-pythagoreische Lehre: Symposion als Form des Weiterlebens nach dem Tod.

Carmine Ampolo, »Il tuffo e l'oltretomba«, *La Parola del Passato* 48 (1993) S. 104–108. – Schriftquellen zum Tauchen als Metapher für den Tod.

Alessandro Ermini, »Nuove considerazioni sugli affreschi della Tomba del Tuffatore di Poseidonia«. *Bollettino d'arte* 86–87 (1994) S. 77–84. – Gegen Deutung des Turmes als Eingang / Grenze zum Hades.

Daisy Warland, »Katapontismos. La tombe du Plongeur«. *Revue de l'histoire des religions* 213, 2 (1996) S. 143–160. – Pythagoreische Lehre: Symposion und Tauchen als Übergang in ein höheres Leben. Vereinigung mit dem Göttlichen im Jenseits.

Mario Torelli, *Il rango, il rito, l'immagine* (1997) S. 135–138. – Dionysische Jenseitsvorstellungen eines zugewanderten Etruskers. Eintauchen in den Tod, Gelage im Jenseits.

Daisy Warland, »Tentative d'exégèse de la tombe du plongeur de Poseidonia«, *Latomus* 57 (1998) S. 261–291. – Pythagoreische Lehre, in psychoanalytischer Ausdeutung: Springer als Seele des Verstorbenen, Tod und Wiedergeburt.

Bruno D'Agostino, »Oinops Pontos. Il mare come alterità nella percezione arcaica«, *Mélanges de l'École Française de Rome, Antiquité* 111, 1 (1999) S. 107–117. – Das Meer als Ort der Bedrohung und des Todes. Eintauchen als Ritual des Übergangs zwischen Jugend und Mannesalter, Leben und Tod.

Daisy Warland, »Que représente la fresque de la paroi Ouest de la tombe du plongeur de Poseidonia?«, *Kernos* 12 (1999) S. 195–206. – Orphisch-pythagoreische Lehre: Auf Westwand Einführung des Verstorbenen in das Symposion des Jenseits nach dem Muster von Hippolytos und Asklepios.

Airton Pollini, »La tombe du Plongeur de Paestum dans son contexte«, *Revista do Museu de Arqueologia e Etnologia de Sao Paulo* 14 (2004) S. 85–102. – Eschatologische Deutung. Griechisch-indigene Mischkultur, Identität durch emphatische Betonung des Griechentums.

R. Ross Holloway, »The Tomb of the Diver«, *American Journal of Archaeology* 110 (2006) S. 365–388. – Metapher für Sprung in den Tod. Erwartung eines ewigen Gelages. Weder orphisch noch pythagoreisch.

Marianna Castiglione, »La Tomba del Tuffatore. Nostalgia etrusca in Magna Grecia«, *Italia Antiqua* IV (2008) S. 147–179. – Pythagoreische Eschatologie. Verbindung mit Etrurien.

Marina Cipriani / Angela Pontrandolfo, »Sistemi decorativi e officine a Paestum«, in: *Atti del X congresso internazionale dell'AIPMA, Annali di Archeologia e Storia antica, Quaderni* 18/2 (2010) S. 595–606. – Lokale Tradition der Gräber von Paestum, als Kontext der Tomba del Tuffatore.

Edward G. D. Robinson, »Identity in the Tomb of the Diver at Poseidonia«, in: Margarita Gleba / Helle W. Horsnaes (Hgg.), *Communicating Identity in Italic Iron Age Communities* (2011) S. 50–72. – Krater von einheimisch-italischer Form. Grabherr Angehöriger einer Italischen Elite. Identität in Form von pythagoreisch-orphischen Mysterien und Jenseitshoffnungen, mit griechischer Philosophie durchsetzt.

Angela Bellia, »Images of Music in Magna Grecia: The Case of the Tomb of the Diver at Poseidonia«, *Music in Art* 39, 2 (2014) S. 33–41. – Musik mit Lyra und Aulos im Jenseits.

Angela Pontrandolfo, »La Tomba del Tuffatore. Forza evocatrice di un'immagine«, in: *I mille volti del passato. Scritti in onore di Francesca Ghedini* (2016) S. 157–163. – Rezeption der Tomba del Tuffatore in der zeitgenössischen Kunst und Literatur.

Carlo Recigno, »Il viaggio del Tuffatore e i giocatori di dama: breve nota a margine a due tombe campane«, in: *Dialogando. Studi in onore di Mario Torelli* (2017) S. 321–332. – Narrative Lesung: Stufenweise Initiation in das selige Leben im Jenseits. »Turm des Kronos« an Grenze zwischen Leben und Tod.

Gabriel Zuchtriegel,« Bringing the Diver Home. Local elites, artisans, and esotericism in late archaic Paestum«, *Archeologia Classica* 69 (2018) S. 1–35. – Lokale Praxis der Ausmalung des Grabes im Kontext von Tempel- und Hausarchitektur. Elite von Poseidonia-Paestum zwischen mediterraner Kultur und lokaler Identität.

Gabriel Zuchtriegel (Hg.), *The Invisible Image. The Tomb of the Diver on the Fiftieth Anniversary of its Discovery* (2018). – Ausstellungs-Führer, mit Essays von Gabriel Zuchtriegel, Angelo Bottini, Carlo Rescigno / Andrea Averna, Luigi Gallo, Achille Bonito Oliva sowie einer kommentierten Bibliographie von Maria Emanuela Oddo.

Maria Francesca Alberghini et al., »The Tomb of the Diver and the Frescoed Tombs in Paestum. New Insights from a Comparative Archaeometric Study«, *PLOS ONE 15(4): e0232375*. https://doi.org/10.1371/journal.pone.0232375 (24. April 2020). – Archäometrische Untersuchung: Einheimische Elite-Kultur von Poseidonia.

Angelo Meriani / Gabriel Zuchtriegel (Hgg.), *La tomba del Tuffatore: rito, arte e poesia a Paestum e nel Mediterraneo d'epoca tardo-arcaica. Atti del Convegno Internazionale, Paestum, 4–6 ottobre 2018* (2020). Darin: Gabriel Zuchtriegel, »La tomba del Tuffatore, un'espressione della cultura aristocratica di Poseidonia tardoarcaica«, S. 117–132; Tonio Hölscher, »Troppo bello per essere reale? Per un'interpretazione sociologica e antropologica del Tuffatore«, S. 493–500, mit Zusammenfassung der hier ausführlich begründeten Deutung, die von G. Zuchtriegel, a.O. übernommen wird. – Auf die Beiträge dieses Bandes konnte hier nicht mehr Bezug genommen werden.

1.
GRAB, STADT UND LEBENSKULTUR

Der Essay-Band von Claude Lanzmann ist auch in einer deutschen Übersetzung erschienen: *Das Grab des göttlichen Tauchers* (2015). Im Vorwort, S. 11–23, Lanzmanns existentielle Beziehung zu dem Taucher.

Zur Kultur und Geschichte von Poseidonia-Paestum und Umgebung: John G. Pedley, *Paestum. Greeks and Romans in Southern Italy* (1990); Fausto Zevi (Hg.), *Paestum* (1990); Emanuele Greco, *Guida archeologica e storica di Poseidonia-Paestum* (1995); Emanuele Greco / Fausto Longo (Hgg.), *Paestum. Scavi studi ricerche* (2000). – Entdeckung von Paestum, unwegsame Situation im 18. Jahrhundert:

F. Zevi, a.O. S. 11–23. – Stadtanlage und Tempel: Dieter Mertens, »Paestum«, in: Elke Stein-Hölkeskamp / Karl-Joachim Hölkeskamp (Hgg.) *Die griechische Welt. Erinnerungsorte der Antike* (2010) S. 150–169. – Heiligtum der Hera an der Mündung des Sele-Flusses: Giovanna Greco, *Il santuario di Hera alla Foce del Sele* (2001); Juliette de la Genière / Giovanna Greco (Hgg.), *Il santuario di Hera alla Foce del Sele. Atti e Memorie della Società Magna Grecia* 4, 1 (2010); Dies., »Recherches récentes dans le sanctuarie d'Héra au Sele«, *Monuments et mémoires de la Fondation Eugène Piot* 48 (2010) S. 29–82. Zum ältesten Tempel s. soeben Gabriel Zuchtriegel et al., »Il primo tempio di Hera alla Foce del Sele«, *Mitteilungen des Deutschen Archäologischen Instituts Rom* 126 (2020) S. 217–233. – Lukanische Gräber des 4. Jahrhunderts v. Chr.: Angela Pontrandolfo / Agnès Rouveret, *Le tombe dipinte di Paestum* (1992); Bernard Andreae (Hg.), *Malerei für die Ewigkeit – Die Gräber von Paestum* (2008).

Die griechische Malerei in großem Format, vor allem Fresken auf stuckierten Wänden und Gemälde auf Holztafeln, ist wegen der Vergänglichkeit der Materialien fast vollständig verloren. Ein umfangreiches Corpus von Malereien des 6. bis 3. Jahrhunderts v. Chr. hat sich nur in den Kammergräbern Etruriens, vor allem in Tarquinia, erhalten. Hinzu kommen ausgemalte Kammergräber des 5. Jahrhunderts in Lykien sowie des 4.–3. Jahrhunderts v. Chr. in Makedonien / Thrakien und Unteritalien. Bei vielen dieser Zeugnisse stellt sich die Frage, 1) wie weit die Kunst in den ›Randzonen‹ der griechischen Kunst in den zentralen Landschaften entspricht, und 2) wie weit die Grabmalereien der Qualität der Malerei in den Heiligtümern und den öffentlichen Gebäuden gleichkommen.

Die hochberühmte Malerei in den griechischen Zentren ist jedenfalls fast nur in sekundären Zeugnissen fassbar. Schriftliche Quellen, vor allem Plinius d. Ä. (23/24 – 79 n. Chr.) in seiner *Naturalis historia*, mit mehreren Büchern über die Künste, sowie Pausanias (ca. 115 – 180 n. Chr.) in seiner *Beschreibung Griechenlands* berichten über Gemälde, z. T. mit ausführlicheren Beschreibungen und mehr oder minder professionellen Urteilen. Die bemalten Vasen der archaischen und klassischen Zeit, die z. T. als Zeugnisse der Malerei herangezogen werden, reichen wegen ihres Formats und ihrer Technik nicht an die Möglichkeiten der großen Tafel- und Fresco-Gemälde heran. Die römische Wandmalerei, vor allem aus Pompeii und anderen Städten um den Vesuv, umfasst zahlreiche figürliche Gemälde, die z. T. als Kopien bzw. Nachklänge griechischer Originale angesehen werden. Hier ist die Forschung jedoch in neuerer Zeit vorsichtiger geworden als früher: Sofern tatsächlich griechische Vorlagen zugrunde liegen, sind sie offenbar vielfach von den Wandmalern in römischem Stil umgeformt worden. Näher an die Malerei heran kommen Mosaiken, allerdings erst aus dem 4. bis 1. Jahrhundert v. Chr., die z. T. eigenständige originale ›malerische‹ Bilder sind, z. T. auch, wie etwa das Alexander-Mosaik aus Pompeii, berühmte ältere Originale mit großer Virtuosität kopieren.

Allgemein zur Geschichte der griechischen Malerei s. Ingeborg Scheibler, *Griechische Malerei der Antike* (1984); Dies., *Die Malerei der Antike und ihre Farben* (2017); Paolo Moreno, *Pittura greca da Polignoto ad Apelle* (1987); Nadja J. Koch, *Techne und Erfindung in der klassischen Malerei* (2000); John J. Pollitt (Hg.), *The Cambridge History of Painting in the Classical World* (2014); Dimitris Plantzos, *The Art of Painting in Ancient Greece* (2018). – Etruskische Malerei: Stephan Steingräber, *Etruskische Wandmalerei* (1985); Ders., *Etruskische Wandmalerei von der geometrischen Periode bis zum Hellenismus* (2006). – Kammergräber bei Elmali (Lykien/Türkei): Machteld J. Mellink, *Kizilbel. An Archaic Painted Tomb Chamber in Northern Lycia* (1998). – Makedonien und Thrakien: Hariclia Brecoulaki, *La peinture funéraire de Macédoine* (2006). – Bildmosaiken: Bernard Andreae, *Antike Bildmosaiken* (2012).

Die Tomba del Tuffatore wurde zunächst von Mario Napoli enthusiastisch als genuines Zeugnis der großen griechischen Wandmalerei aus dem Übergang von der archaischen zur klassischen Kunst gewertet, kurz vor dem ersten Höhepunkt der Malerei, für den der Name des berühmten Polygnot aus Thasos steht. Die folgenden Forschungen haben dies Urteil stärker relativiert und die Malereien des Grabes als qualitätvolles, aber nicht exzeptionelles Beispiel einer lokalen Kunst Paestums und Süditaliens angesehen, mit deutlichen Wurzeln in Griechenland, und in mehr oder minder starker Absetzung von der Malerei Etruriens: s. R. Bianchi Bandinelli (1970–71), A. Rouveret (1974), zuletzt G. Zuchtriegel (2018).

Über die Probleme des künstlerischen Stils hinaus stellt sich die Frage nach der kulturellen Zugehörigkeit des Grabherrn. M. Napoli (1970) verband die an Griechenland orientierten Stilformen mit der griechischen Lebenskultur der von Griechen gegründeten Stadt Poseidonia. Dagegen deutete R. Bianchi Bandinelli (1970–71) den seines Erachtens lokalen Stil der Bilder als Ausdruck der einheimischen Oberschicht. E. Greco (1982) schloss aus der isolierten Lage der Nekropole auf eine begrenzte Gruppe von griechischen Nicht-Bürgern. Dagegen identifizierte M. Torelli (1997) den Herrn des Grabes wegen der Ausmalung im Inneren, die zu dieser Zeit aus Etrurien (dort allerdings in großen Kammergräbern) bekannt ist, als einen zugewanderten Etrusker. Grundsätzlich ist dabei jedoch zwischen den Phänomenen der Grabkultur und der ethnischen Zugehörigkeit der Grabinhaber zu unterscheiden: Eine Gleichsetzung von künstlerischen Traditionen und ethnischer Identität ist problematisch und wird von aktuellen Konzepten der Interkulturalität in Frage gestellt. Zuletzt hat G. Zuchtriegel (2018) gezeigt, dass Kistengräber mit (wenn auch nicht figürlicher) Innen-Bemalung eine lokale Tradition in Paestum und Unteritalien haben, und die Tomba del Tuffatore als Grab eines Angehörigen der einheimischen Elite der Stadt gedeutet. Archäometrische Untersuchungen von M. F. Alberghini et al. (2020) bestätigen dies Ergebnis. Wichtig ist dabei ein figürlich ausgemaltes Grab in Capua: Fritz Weege, »Oskische Grabmalerei«, *Jahrbuch des Deutschen Archäolo-*

gischen Instituts 24 (1909) S. 108–109. Allerdings zeigt ein kürzlich gefundener Marmor-Sarkophag in Korinth mit zwei gemalten antithetischen Löwen an der Unterseite des Deckels, um 600 v. Chr., mit welchen unerwarteten Einzelfällen gerechnet werden muss: Eleni Korka, »He grapte porinos sarkophagos Phaneromenes Chiliomodiou Korinthias«, in: Konstantinos Kissas / Wolf-Dietrich Niemeier (Hgg.), *The Corinthia and the Northeast Peloponnesos* (2013) S. 305–311.

2.
ESCHATOLOGIE ODER LEBENSWELT?

Die sepulkral-symbolische bzw. eschatologische Deutung der Themen des Grabes im Sinne von orphischen, pythagoräischen und/oder dionysischen Mysterienreligionen wurde von M. Napoli (1970) nur kurz und apodiktisch begründet. Zwölf Jahre später schrieb E. Greco (1982) von den »symbolischen Darstellungen, bei denen niemand zweifelt, dass sie im unmittelbarsten Bezug zu den rituellen Praktiken und Glaubensinhalten in Verbindung mit den Vorstellungen vom Tod stehen« (Übersetzung T.H.). Ausführlichere Begründungen geben B. D'Agostino (1982) und (1999); L. Cerchiai (1987); B. Otto (1990), P. G. Guzzo (1991); A. Bottini (1992); C. Ampolo (1993); D. Warland (1996); E. G. D. Robinson (2010). Insgesamt ist die eschatologische Deutung weithin vorherrschend, s. die Übersicht von M. E. Oddo, in: G. Zuchtriegel (2018). Stimmen für Bezug auf die Lebenswelt blieben vereinzelt (und wurden stets ohne Argumentation abgelehnt), s. besonders M. Cagiano de Azevedo (1972); O. Murray (1988); Luca Cerchiai, Culti dionisiaci e rituali funerari, Atti del XLIX Convegno di Studi sulla Magna Grecia (2011) S. 493–494, mit Berufung auf Jean-Pierre Vernant.

Die antiken Mysterienreligionen sind wegen der Verpflichtung der Anhänger zur Geheimhaltung nur äußerst dürftig bekannt. Zusammenfassende Literatur: Walter Burkert, *Ancient Mystery Cults* (1987); deutsch: *Antike Mysterien* (1990); Jan N. Bremmer, *Initiation into the Mysteries of the Ancient World* (2014) S. 55–80. Burkert zeigt, dass die antiken Mysterienreligionen vor allem Glück und Rettung vor Unglück im diesseitigen Leben sichern sollten. Zeugnisse für die Hoffnung auf ein seliges Leben im Jenseits sind kaum vor dem 5. Jahrhundert v. Chr., also erst nach der Tomba del Tuffatore, erhalten; sie scheinen erst im 4. Jahrhundert v. Chr. und dann stark in spätrömischer Zeit als pagane Antwort auf die Jenseitserwartungen des Christentums zuzunehmen (a.O. S. 27–34, 82–83).

Eine antiklassizistische, nicht-rationale Sicht auf die Griechen wurde im 19. Jahrhundert begründet, insbesondere von Jacob Burckhardt, *Griechische Kulturgeschichte* (postum 1898–1902), Friedrich Nietzsche, *Die Geburt der Tragödie aus dem Geiste der Musik* (1872) und Georg Rohde, *Psyche* (1890–94). Im 20. Jahrhundert wurde sie aus (kultur-)anthropologischer Sicht wieder belebt von Walter Burkert, *Homo necans* (1972); *Gewalt und Opfer* (2010).

Zur griechischen und großgriechischen Grabkultur s. die Übersicht von Donna C. Kurtz / John Boardman, *Greek Burial Customs* (1971); deutsch: *Thanatos, Tod und Jenseits bei den Griechen* (1985). Zur Bedeutung von sozialen Rollen s. Ian Morris, *Burial and Ancient Society* (1987); Ders., *Death-Ritual and Social Structure in Classical Antiquity* (1992); Fernande Hölscher, *Die Bedeutung archaischer Tierkampfbilder* (1972); Johannes Bergemann, *Demos und Thanatos* (1997); Daniel Graepler, *Tonfiguren im Grab* (1997); Andreas Hoffmann, *Grabritual und Gesellschaft* (2002). In Grabepigrammen, soweit sie nicht in der üblichen Weise von einem kümmerlichen Fortleben als Schatten im Hades oder gar von der Endgültigkeit des Todes, sondern von einem glücklichen Leben in einem schönen Jenseits sprechen, wird meist zwischen dem Körper, der ins Grab gelegt wird, und der Seele, die in den Himmel, in das Elysium oder auf die Inseln der Seligen versetzt wird, unterschieden. Dort bleibt ihre Existenz durchweg ganz vage, ohne konkrete Schilderung von Gelagen oder anderen Freuden: Richmond Lattimore, *Themes in Greek and Latin Epitaphs* (1962), besonders S. 21–55. – Eschatologische Deutungen der griechischen Grabkunst sind seit längerer Zeit kaum mehr ernsthaft vertreten worden. Dagegen sind die Themen der etruskischen Grabmalerei des 6.–4. Jahrhunderts v. Chr. mit Entschiedenheit als Vorstellungen vom Jenseits interpretiert worden: M. Torelli (1997) S. 122–151. Die Frage bedarf m. E. weiterer Diskussion.

Goethes Verständnis der sepulkralen Bildthemen der Antike in den *Venezianischen Epigrammen* Nr. 1: »Sarkophagen und Urnen verzierte der Heide mit Leben«, und einige Verse später: »So überwältiget Fülle den Tod, und die Asche da drinnen / Scheint, im stillen Bereich, noch sich des Lebens zu freun«.

Die Grundlage der eschatologischen Interpretationen für die Tomba del Tuffatore ist, teils explizit, teils implizit, die Behauptung, dass eine »nur« (oder »lediglich«, »einfach« – ohne abwertende Vokabeln geht es kaum ab) lebensweltliche Deutung nicht angenommen werden könne und darum eine transzendente, mystische, »eschatologische« Bedeutung vorausgesetzt werden müsse – die dann ohne genaue Unterscheidung »symbolisch«, oder »metaphorisch« genannt wird. Dabei wird die Lebenswelt als »triviale« Realität von belanglosen »alltäglichen« Aktivitäten und »anekdotischen« biographischen Episoden gesehen, die nicht als Thema von hochstehender Kunst in Frage komme. Mit dieser sehr allgemeinen Antithese, und angesichts des weitgehenden Fehlens von genaueren Zeugnissen zu den antiken Mysterienreligionen, können dann sehr weitreichende Assoziationen zu umfassenden religiösen Gedankenwelten verbunden werden: Der Kopfsprung wird dann zu einer Metapher für Riten und Praktiken des »Übergangs« von der Jugend zum Erwachsenen, zugleich von einem rationalen Leben zur irrationalen Glückseligkeit, und schließlich vom Diesseits zum Jenseits; das Meer wird zur Metapher für den Durchgang durch eine dunkle Phase der Pubertät, aber auch des Rausches und dann des Todes; und so fort. Dabei muss hier nicht erörtert werden, ob die Phänomene auf einer anthropologischen Meta-Ebene miteinander zusammenhängen. Für eine stringente Interpretation im Sinne eines Todessprunges, die mehr anstrebt als eine Bestätigung der eigenen Vor-Annahmen, sind diese Konzepte jedenfalls zu allgemein. Die eindringlichen Interpretationen von L. Cerchiai (1987) und B. D'Agostino (1999) behalten ihre Gültigkeit auch dann, wenn man den Taucher von Paestum nicht auf den Tod, sondern auf lebensweltliche Übergangs-Rituale bezieht.

Im realen Leben wie in der imaginierten Lebenswelt der Mythen gab es verschiedene Anlässe und Formen, sich von Felsen ins Meer zu stürzen oder gestürzt zu werden. In der Diskussion um den Taucher von Paestum spielen vor allem Nachrichten über den weißen Felsen von Leukas eine Rolle, der am westlichen »Rand der Welt« eine Grenzsituation zwischen Leben und Tod markierte: Strabon 10, 2, 9; Anakreon, Fragment 376 (Campbell); Euripides, *Kyklops* 163–168; dazu Gregory Nagy, »Phaeton, Sappho's Phaon, and the White Rock of Leukas«, *Harvard Studies in Classical Philology* 77 (1973) S. 137–177; s. auch D. Warland (1998) S. 279–281. Unglückliche Liebende, wie Sappho, so erzählte man, seien von dort ins Meer gesprungen, um dabei umzukommen oder sich von ihrem Unglück zu befreien; Verbrecher seien ins Meer gestürzt worden, um über sie durch Tod oder Rettung ein Gottesurteil zu erhalten. Auch die Legende von dem Sänger Arion, der auf einer Schiffsfahrt von den Seeleuten zum Sprung vom Schiff in das Meer gezwungen und von einem Delphin gerettet wurde, ist zur Deutung herangezogen worden. Es macht aber wenig Sinn, diese und andere Stürze ins Meer konzeptionell gleichzusetzen und sie auf mythische Ur-Vorstellungen zurückzuführen, sei es als kosmische Symbole von Untergang und Aufgang der Sonne oder als Metaphern von Tod und Auferstehung im Jenseits. In den erhaltenen Überlieferungen geht es überall konkret um Konfrontation mit dem Tod oder Überleben, nie um ein neues Dasein nach dem Tod. Und in keinem Fall ist es vorstellbar, dass die Verbrecher oder die Opfer von Liebesleid sich im perfekten Kopfsprung ins Meer gestürzt hätten.

Sprachliche Formulierungen, die von »Eintauchen« im Zusammenhang mit dem Tod sprechen, etwa Pherekrates Fr. 113, vgl. C. Ampolo (1983), bewegen sich auf der Ebene von Gleichnissen: Sie beschreiben die nicht vermittelbare Erfahrung des Todes mit einer Erfahrung des Lebens, nicht aber eine symbolische Gleichsetzung.

Bei der Szene des Tauchers ergeben sich auch konkrete ikonographische Schwierigkeiten für die eschatologische Deutung. Die Seele der Toten wird zu dieser Zeit nicht als normale menschliche Gestalt, sondern als kleine weibliche Figur (Psyche) mit Gewand und Flügeln dargestellt: Klaus P. Stähler, *Grab und Psyche des Patroklos* (1967). Die Erklärung des Turmes als Eingang zum Hades ist von A. Ermini (1994) bündig widerlegt worden. Seltsamerweise sah D. Warland (1998) die Haltung des Tauchers als wirklichkeitsfern und darum symbolisch an. Dazu wäre ein Blick ins Internet zu »Kopfsprung Bilder« hilfreich gewesen. Mehrfach wurde die isolierte Darstellung des Tauchers als »Einsamkeit«, sogar als »Weltabgeschiedenheit« verstanden, so B. Otto (1990) S. 266. Dazu s. unten.

Den turmartigen Bau hat M. Napoli sicher zu Recht als Sprungturm verstanden; die vorspringende Plattform kann nur zum Absprung dienen. Andere Vorschläge, wie Säulen des Herakles oder Tore des Hades (zuerst R. Bianchi Bandinelli 1970–71), haben zur Folge, dass der Springer sich neben dem Turm aus einer unbestimmten Höhe, ohne einen Punkt des Absprungs, in die Tiefe stürzt. Das ist angesichts der offensichtlichen räumlichen Beziehung zwischen Turm und Sprung nicht plausibel. Für die konkrete Form des gemalten Turmes legte Napoli verschiedene schematische Vorschläge als Bau aus Steinquadern vor, die jedoch alle nicht überzeugen. W. J. Slater (1976) dachte an eine Art Sprossenleiter mit oberer Plattform, Volker Michael Strocka erwog (mündlich) die Möglichkeit eines Holzbaues in der Art der Hochstände von Jägern. Dagegen spricht die schwarze Farbe, im Gegensatz zu dem Braun der Bäume, die auf Steine deutet; dazu weist Ingrid Krauskopf mich auf das Problem hin, dass bei einem Holzbau diagonale Querstreben zu erwarten wären. Eine genaue Erklärung steht noch aus.

Die Deutung des Meeres als Zone der Reinigung und Erlösung der Seele für ein seliges Leben im Jenseits klingt allgemein sehr christlich. Wenn in der Antike das Meer mit dem Tod in Verbindung gebracht wird, ist es ein Bereich der Gefährdung und des Untergangs, ohne Wiederkehr: Stella Georgoudi, »La mer, la mort et le discours des épigrammes funéraires«, *Annali di Archeologia e Storia antica* 10 (1988) S. 53–61.

Das Symposion wird im Rahmen eschatologischer Deutungen auf unterschiedliche Weise interpretiert. M. Napoli sah es als Szene des irdischen Lebens, aus der auf der Westseite ein Teilnehmer mit Begleitung in Richtung auf das Jenseits aufbricht. Doch die grüßende Geste des mittleren Jünglings und die korrespondierende einladende Geste des ersten Gelagerten auf der Nordwand weisen wohl eindeutig auf die Ankunft eines neuen Gastes. Als konkreter Vorgang ist der Aufbruch von einem vitalen Gelage in das Jenseits schwer vorstellbar. Eine allegorische Deutung des Symposions als Symbol des ›Lebens‹, aus dem ein Teilnehmer in den ›Tod‹ geht, ist m. W. nicht zu belegen. – Mehrere Forscherinnen und Forscher sehen dagegen ein Trinkgelage im Jenseits dargestellt. Dabei geht C. Recigno (2017) 327 so weit, die Erotik als »von ihrem physischen Aspekt gereinigt« anzusehen, angesichts des Paares rechts auf der Nordwand erstaunlich.

Insbesondere wird ein Ei in der Hand eines Teilnehmers (gelegentlich zu Unrecht als Plektron für das Spiel auf der Lyra erklärt) als Symbol der Wiedergeburt angeführt, insbesondere von A. Bottini (1992) S. 64–85. Die dafür angeführten orphischen, neuplatonischen und sonstigen Quellen betreffen aber durchweg ein kosmisches Ur-Ei, aus dem die Welt oder eine Urgottheit entstanden sei, nie ein symbolisches Attribut in Menschenhand. Bei der Verwendung des Eies im Toten- und Heroenkult – dazu Martin P. Nilsson, »Das Ei im Totenkult der Alten«, *Archiv für Religionswissenschaft* 11 (1908) S. 530–546 – ist es nicht belegt, dass sie mit Jenseitshoffnungen verbunden war. Entscheidend aber ist, dass dies nur spezielle Aspekte einer viel weiteren Bedeutung des Eies als umfassendes Symbol der Zeugungskraft des Lebens sind; dazu s. Johannes Haussleiter (S. Grün), *Reallexikon für Antike und Christentum* 34 (1959) S. 731–745. In diesem Sinn wurden Eier als Aphrodisiacum und Potenzmittel geschätzt: Alexis (Komiker) Fragment 279 (Kock); Alkiphron 4, 13, 10; Athenaios 2, 64a; Ovid, Ars Amatoria 2, 421–424; Plinius, *Naturalis historia* 29, 3, 47. Dazu William G. Arnott, *Alexis. The Fragments* (1996) S. 775–776. In diesem Sinn findet das Ei sich als erotisches Attribut in Vasenbildern bei heiratsfähigen jungen Frauen und in homoerotischen Gruppen junger Männer und Knaben: *Corpus Vasorum Antiquorum Berlin* 2 (1962) Taf. 32, 2; *Leipzig* 3 (2006) Taf. 47, 3; *München* 16 (2010) Taf. 40, 5; *Münzen und Medaillen AG, Auktion* 16 (1956) Taf. 32, 131; häufig dann bei Frauen, auch bei Eros, auf unteritalischen Vasen des 4. Jahrhunderts v. Chr. In diesem Sinn haben Eier im Grab wohl eine ähnliche Bedeutung als erotische Gabe wie die vielfach als Grabbeigabe erhaltenen Astragale.

Allgemein ist die Vorstellung eines seligen Gelages im Jenseits in griechischen Quellen erst bei Platon bezeugt und auch danach nur schwach ausgebildet. Starke Gründe für eine Deutung als Szene der Lebenswelt bei O. Murray (1988).

Eine Deutung des Symposions im Sinn der Bankette in etruskischen Grabgemälden stößt auf schwer überwindbare Schwierigkeiten. Dort zieht der Verstorbene feierlich in die Unterwelt ein, wo seine Vorfahren in repräsentativer Würde beim Symposion versammelt sind: Friedhelm Prayon, »Reditus ad maiores«, *Mitteilungen des Deutschen Archäologischen Instituts Rom* 111 (2004) S. 45–67. Für diese typisch etruskische gentilizische Ideologie ist entscheidend, dass die Vorfahren erstens als Paare von Mann und Frau und zweitens im würdigen Alter erwachsener Väter und Mütter erscheinen. Beides ist diametral verschieden von der rein männlichen, auf Jugendliche orientierten, übermütig homoerotischen Atmosphäre des Grabes in Paestum.

3.
EPHEBEN AM MEER: BILDER

Tomba della caccia e della pesca: Pietro Romanelli, *Le pitture della Tomba »caccia e pesca«* (1938); Stefan Steingräber, *Etruskische Wandmalerei* (1985) S. 301–302. Auch diese Szene wurde z. T. eschatologisch gedeutet, s. D. Warland (1998) 272–273: Der

Sprung vom Felsen als Tod, verbunden mit einem Gottesurteil, wie am Felsen von Leukas, wo Freunde in Barken den Springer retten (wo es aber nicht um Leben nach dem Tod geht!). Dabei wird der Kontext des Bildes völlig außer Acht gelassen: Der nachfolgende Ephebe, der den Felsen erklimmt, würde bedeuten, dass Gottesurteile am Fließband eingeholt worden wären. Die jungen Leute in den Booten achten kaum auf den Springer, den sie angeblich retten wollen, sondern sind (entgegen Warland) mit dem Fangen von Fischen beschäftigt. Die Vogeljäger, kaum Protagonisten einer jenseitigen Seligkeit, werden nicht einmal erwähnt. Andere Forscher, die die Szenen m. E. zu Recht als Lebensbilder deuten, trennen sie kategorisch von dem Springer der Tomba del Tuffatore, s. R. Ross Holloway (2006): Die bevölkerte Küstenwelt des etruskischen Grabes sei reales Leben, der isolierte Springer von Paestum ein Symbol. Dagegen s. oben, S. 101–102.

Skyphos mit Springer aus der Nekropole von Rhitsona: Percy N. Ure, *Sixth and Fifth Certury Pottery from Excavations made at Rhitsona* (1927) S. 73 Nr. 18.78. Für den Hinweis auf dies Gefäß danke ich Victoria Sabetai, für ein bearbeitetes Photo Alexander Heinemann. – Auf Bronze-Statuetten von Wasser-Springern hat bereits M. Napoli (1968) S. 158 hingewiesen. – Trinkschale mit fischendem Knaben Boston: Fernande Hölscher, »Ein Bild der Muße«, in: *Kotinos. Festschrift für Erika Simon* (1992) S. 211–213. Weitere athenische Gefäße mit Fischern: Victoria Sabetai, in: Judith Barringer / François Lissarrague (Hgg.), *Images at the Crossroads* (im Druck).

4.
EPHEBEN AM MEER: ORTE

Die Nachrichten über die Kultur des Schwimmens im antiken Griechenland sind aufgearbeitet bei Erwin Mehl, *Antike Schwimmkunst* (1927); Fabio Maniscalco, *Il nuoto nel mondo greco-romano* (1995). – Das Sprichwort über das Schwimmen ist überliefert bei Platon, *Nomoi* III 689d. Ferner in Sammlungen von Sprichwörtern: W. Bühler, *Zenobii Athoi proverbia* (1987) 987. Ich danke Gustav Adolf Lehmann, der mich darauf aufmerksam gemacht hat. – Platon zum Springen ins Wasser: Platon, *Protagoras* 350a. – Ausspruch des Sokrates: Diogenes Laertios 2, 5, 22. Für den Hinweis danke ich Christoph Selzer. – Von den Tauchern Skyllis und Hydna berichten Herodot 8, 8; Pausanias 10, 19, 1–2. – Zu schwimmenden Herrschern: Horst Bredekamp, *Der schwimmende Souverän* (2014). – Wettkämpfe für Dionysos Melanaigis: Pausanias 2, 35, 1. Euripides, *Phoinissen* 338–349, nennt in mythischer Zeit das Bad im Fluss als Ritual des Bräutigams vor der Hochzeit, wohl entsprechend einem lebensweltlichen Brauch: Carola Reinsberg, *Ehe, Hetärentum und Knabenliebe im antiken Griechenland* (1989) S. 55–56.

Zu dem Treffpunkt bei Kalami/Thasos mit den Lieblings-Inschriften s. Ivon Garland / Olivier Masson, »Les acclamations pédérastiques de Kalami (Thasos)«, *Bulletin de Correspondance Hellénique* 106 (1982) S. 3–21. Für Photographien und Auskünfte zu dem Ort danke ich Diamantis Panagiotopoulos und den Studierenden einer Heidelberger Exkursion. Ein geplanter eigener Besuch auf Thasos musste wegen der Corona-Pandemie aufgegeben werden.

Nachrichten über Türme aus Holz zum Sichten der Thunfische, so genannte Thynnoskopeia: R. Lenk, »Thynnos«, *Realencyclopädie der Classischen Altertumswissenschaft* VI A 1 (1936) S. 727. S. auch W. J. Slater (1976) zu Holzgerüsten, von denen in späterer Zeit bei Symposien ins Wasser gesprungen wurde.

Zu der Höhle von Pholegandros s. Vivi Vassilopoulou, »The Island of Pholegandros and the Graffiti of Chrysospilia Cave«, in: Erica Angliker / John Tully (Hgg.), *Cycladic Archaeology and Research* (2018) S. 339–345. Ich danke Katja Sporn, die mich auf diese Höhle aufmerksam gemacht hat. Allgemein zu Höhlen und ihren Kulten in ferner Abgeschiedenheit s. Katja Sporn, »Höhlenheiligtümer in Griechenland«, in: Christian Frevel / Henner von Hesberg (Hgg.), *Kult und Kommunikation. Medien in Heiligtümern der Antike* (2007) S. 39–62.

5.
MÄDCHEN AM MEER: BILDER

Baden und Schwimmen von Frauen: René Ginouvès, *Balaneutike. Recherches sur le bain dans l'antiquité grecque* (1962) S. 220–224. Vgl. ein allerdings architektonisches Badegebäude des 4. Jahrhunderts v. Chr. in Oropos: Vassilios Chr. Petrakos, *Ho Oropos kai to hieron tou Amphiaraou* (1968) S. 179–182. Die athletische Ausbildung von Mädchen, einschließlich ihrer Aktivitäten im Schwimmen, ist umfassend untersucht worden von Giampiera Arrigoni, *Le donne in Grecia* (1985) S. 155–201. Zu Lauf-Wettbewerben von Mädchen in Olympia und an anderen Orten, mit Funktionen als Initiations-Rituale, s. Nancy Servint, »The Female Athletic Costume at the Heraia«, *American Journal of Archaeology* 97 (1993) S. 403–422. Zusammenfassend, im Rahmen eines allgemeinen neuen Gesamtbildes der griechischen Frauen, Tanja S. Scheer, *Griechische Geschlechtergeschichte* (2011) S. 106–110; dort auch allgemein zum Bild der Frau im archaischen und klassischen Griechenland. – Alkmans Gedicht über die Schwimmerinnen: George Huxley, »Alkman's *kolymbōsai*«, *Greek, Roman and Byzantine Studies* 5 (1964) S. 26–28. – Fest in Tanagra: Pausanias 9, 20, 4.

Zu badenden Mädchen s. Susanne Pfisterer-Haas, »Mädchen und Frauen am Wasser«, *Jahrbuch des Deutschen Archäologischen Instituts* 117 (2002) S. 1–79, bes. 36–58; Michalis Tiverios, »Zur Ikonographie der weiblichen Welt im Zeitalter des Perikles«, in: *Otium. Festschrift Volker Michael Strocka* (2005) S. 381–390; Robert F. Sutton, Jr., »The Emergence of the Female Nude in Greek Art«, in: Cynthia Kosso / Anne Scott (Hgg.), *The Nature and Function of Water, Bath, Bathing and Hygiene from Antiquity through the Renaissance* (2009) S. 61–86. – Allgemein zur Frage der Nacktheit von Frauen s. Ulla Kreilinger, *Anständige Nacktheit* (2007).

Die beiden Amphoren mit badenden Mädchen sind seit M. Napoli (1970) vielfach mit dem Taucher von Paestum verglichen worden, meistens allerdings im Sinn einer kategorischen Trennung, die aber kaum jemals begründet wurde. Überzeugend: Simonetta Angiolillo, *Arte e cultura nell'Atene di Pisistrato e dei Pisistratidi* (1997) S. 121–123. In ähnlicher Situation, mit Baum und Säulenarchitektur, die ein Heiligtum in der Natur andeuten, erscheinen Mädchen, sicher keine Nymphen, beim Bad auf einer Trinkschale in Boston: Lacey D. Caskey / John D. Beazley, *Attic Vase Painting in the Museum of Fine Arts, Boston* III (1963) S. 53–54, Taf. 87. Zu Grotten als Orte für Frauenkulte s. K. Sporn, a.O. (zu Kap. 4) bes. S. 59–60. Die Fische haben wohl auch sexuelle Bedeutung: G. Koch-Harnack, *Knabenliebe und Tiergeschenke* (1983) S. 230–231.

Trinkschale aus Sparta: Johannes Boehlau, *Aus ionischen und italischen Nekropolen* (1898) S. 128–130, Taf. XI; überzeugend auf sterbliche Mädchen gedeutet von M. Tiverios, a.O. S. 383.

Bronzespiegel, Museum Elis: Andrew Stewart / Maria A. Liston, »Bathing Beauties«, in: Betsey A. Robinson et al. (Hgg.), *Ancient Waterlands* (2019) S. 117–129. Die Szene wurde von Stewart, nach Vorgang von Xeni Arapoyianni, *Ephemeris Archaiologike* (1999) S. 203, vor allem wegen der auffallenden Zahl der vier jungen Frauen auf die vier Nymphen eines Quellheiligtums in Elis bezogen (Pausanias 6, 22, 7). Auf meinen Vorschlag, sie wegen Schwamm und Schuhen als menschliche Frauen zu deuten, äußerte Stewart die Idee, sie als Frauen in Gestalt der Göttinnen zu verstehen.

Wasser holendes Mädchen und Pan in der Wildnis: Victoria Sabetai, »Encountering Pan in the Wilderness: a Small Chous in the Benaki Museum«, *Kernos* 31 (2018) S. 141–165.

Die zahlreichen Darstellungen von Wasser holenden Mädchen am Brunnenhaus auf athenischen Vasen des späteren 6. Jahrhunderts v. Chr. werden sehr unterschiedlich beurteilt. Einerseits werden sie als lebensweltliche Szenen gedeutet, oft im Rahmen von Hochzeits- oder Initiations-Riten: S. Pfisterer-Haas, a.O.; Eleni Manakidou, »Athenerinnen in schwarzfigurigen Brunnenhausszenen«, *Hephaistos* 11–12 (1992–93) S. 51–91; Cynthia K. Kosso / Kevin Lawton, »Women at the Fountain and the Well: Imagining Experience«, in: C. Kosso / A. Scott (Hgg.), a.O. (zu Kap. 5) S. 87–108, mit Betonung religiöser Aspekte. Andererseits werden sie neuerdings als rein fiktive erotische Bild-Projektionen männlicher Phantasien verstanden: Gloria Ferrari, »Myth and Genre on Athenian Vases«, *Classical Antiquity* 22 (2003) S. 37–54; Adrian Stähli, »Nackte Frauen«, in: Stefan Schmidt / John H. Oakley (Hgg.), *Hermeneutik der Bilder* (2009) S. 43–51; Ders., »Women Bathing«, in: Sandra K. Lucore / Monika Trümper (Hgg.), *Greek Baths and Bathing Culture* (2013) S. 11–21. In der mythischen Frühzeit sind vornehme Mädchen, die Wasser am Brunnen vor der Stadt holen, gang und gäbe; Herodot 6, 137 nennt den Brauch für die Frühzeit Athens wie eine zeitlose Tatsache. Die zitierten Verse des Theognis, 261–266 (Hg. West), die sich auf die Lebenswelt des 6. Jahrhunderts beziehen, bestätigen, dass eine reale Praxis zugrunde liegt. Das Erscheinen von Männern in diesem Kontext ist nicht transgressiv (A. Stähli), sondern so (partiell) unheimlich, wie Erotik eben ist. Ebenso setzt Aristophanes, *Lysistrate* 325–335 voraus, dass Bürgerfrauen Wasser am Brunnenhaus holten. Allgemein, mit Zeugnissen aus anderen Kulturen, Richard Buxton, *Imaginary Greece* (1994) S. 109–113. Die grundsätzliche Zugehörigkeit der Szenen zur Lebenswelt schließt natürlich nicht aus, dass sie in den Bildern auch mit imaginierten Zügen ausgestaltet werden konnten.

Ebenso werden Bilder von nackten Mädchen an großen Wasserbecken im Freien, die mit Salböl-Gefäßen und Reinigungs-Geräten wie die männlichen Athleten ausgestattet sind, diametral unterschiedlich interpretiert: als Aspekte des realen Lebens (m.E. überzeugend) von Claude Bérard, »L'impossible femme athlète«, *Annali di Archeologia e Storia antica* 8 (1986) S. 195–202, und von S. Pfisterer-Haas, a.O.; dagegen als rein fiktive Bild-Phantasien von A. Stähli, a.O. S. 11–21.

6. MÄDCHEN AM MEER: ORTE?

Grotta Caruso: F. Costabile, *I ninfei di Locri Epizefirii* (1991) S. 7–21, 63–94; Angela Bellia, in: A. B. / Clemente Marconi (Hgg.), *Musicians in Ancient Coroplastic Art* (2016) S. 195–197.

Zum Kult der Artemis in Brauron, Munichia und an anderen Orten Attikas s. Christiane Sourvinou-Inwood, *Studies in Girls' Transitions* (1988); Marco Giuman, *La dea, la vergine, il sangue. Archeologia di un culto femminile* (1999); Bruno Gentili / Franca Perusino (Hgg.), *Le orse di Brauron* (2002); darin Nanno Marinatos, »The Arkteia and the Gradual Transformation of the Maiden into a Woman«, S. 29–42. Zu den Kultgefäßen: Lily Kahil, »Autour de l'Artémis attique«, *Antike Kunst* 8 (1965) S. 20–33; Dies., »L'Artémis de Brauron: rites et mystère«, *Antike Kunst* 20 (1977) S. 86–98.

Zu den Höhlen an der Küste zwischen Brauron / Chamolia und Porto Raphti s. ein Video, für dessen Kenntnis ich Aliki Moustaka danke: https://youtu.be/na208bopJlQ.

Strand und Höhle von Erotospiliá sind im Internet als Höhepunkte heutiger Badefreuden dokumentiert. – Zum Heiligtum von Munichia s. Lydia Palaiokrassa, »Neue Befunde aus dem Heiligtum der Artemis Munichia«, *Mitteilungen des Deutschen Archäologischen Instituts Athen* 104 (1989) S. 1–40. – Allgemein über die Beziehung der Artemis zum Meer: Annick Fenet, *Les dieux olympiens et la mer* (2016) S. 189–218.

Die Überlieferung zu der Taucherin Hydna, Tochter des Skyllis, findet sich bei Pausanias 10, 19, 1. Der Satz über den Brauch des Tauchens von unberührten jungen Frauen wird in der Forschung für einen späteren Zusatz gehalten; auch wenn das zuträfe, würde er als sachliche Aussage seine Geltung behalten.

7. ALTERSSTUFEN UND LEBENSRÄUME

Die Altersstufen der griechischen Gesellschaften sind in neuerer Zeit Gegenstand zahlreicher Untersuchungen geworden, s. Robert Garland, *The Greek Way of Life* (1990); Jan Timmer, *Altersgrenzen politischer Partizipation im antiken Griechenland* (2008). – Für die Männer: David De Costa Leitao, *The Measure of Youth. Body and Gender in Boys' Transitions in Ancient Greece* (1993); Marcello Lupi, *L'ordine delle generazioni. Classi d'età e costumi matrimoniali nell'antica Sparta* (2000); Britta Özen-Kleine, Das Problem der ›Verjüngung‹ im klassischen Athen. Zur Bedeutung von Altersstufen in der Bilderwelt des 6. und 5. Jahrhunderts v. Chr. (2016). – Für die Frauen: Chr. Sourvinou-Inwood, a.O. (zu Kap. 5); N. Marinatos, a.O. (zu Kap. 5) S. 29–42; U. Kreilinger, a.O. (zu Kap. 5) S. 49–59.

Besonders vielfältig sind Arbeiten über die Bedeutung der Jugend und der Rituale der Initiation im antiken Griechenland: Henri Jeanmaire, *Couroi et Courètes. Essay sur l'éducation des Spartiates et sur les rites de l'adolescence dans l'antiquité hellénique* (1939); Angelo Brelich, *Gli eroi greci* (1958); Ders., *Paides e parthenoi* (1969); Pierre Vidal Naquet, *Le chasseur noir* (1981); deutsch: *Der schwarze Jäger* (1989); Alain Schnapp, »Das Bild der Jugend in der griechischen Polis«, in: Giovanni Levi / Jean-Claude Schmitt (Hgg.), *Geschichte der Jugend* (1996) S. 21–69; Katharina Waldner, *Geburt und Hochzeit des Kriegers. Geschlechterdifferenz und Initiation in Mythos und Ritual der griechischen Polis* (2000). Bräuche der Initiation in Sparta und Kreta: Scholion zu Platon, *Nomoi* 633b; Strabon 10, 4, 21. – Grundlegend zu den Riten des Übergangs ist Arnold van Gennep, *Les rites de passage* (1909); deutsch: *Übergangsriten* (1986). – Eine brillante kritische Analyse der theoretischen Positionen Vidal-Naquets bei Irene Polinskaya, »Liminality as Metaphor. Initiation and the Frontiers in Ancient Athens«, in: David B. Dodd / Christopher A. Faraone (Hgg.), *Initiation in Ancient Greek Rituals and Narratives* (2003) S. 85–106. Ihre Gegenüberstellung des strukturalistischen Konzepts von Vidal-Naquet mit der kulturgeographischen Situation Attikas und den sozialen Rollen der attischen Epheben spricht aber nicht gegen die Deutung der Küsten als liminale Zone, sondern macht deutlich, dass es sich um ein interpretatives Modell, eine konzeptuelle Peripherie handelt. Zu der Spannung von »experienced« und »conceptual spaces« s. auch Tonio Hölscher, *Visual Power in Ancient Greece and Rome* (2018) S. 15–26.

Zur Entwicklung von den frühen Bräuchen in Sparta und auf Kreta zur archaischen Kultur der Athletik s. P. Vidal-Naquet, a.O. 173: »L'éphèbe athénien est bien, en un sense, l'héritier du chasseur noir.« Zur sozialen Bedeutung der Athletik s. Christian Mann, *Athlet und Polis im archaischen und frühklassischen Griechenland* (2001). Zu den frühen Gymnasien s. Catja Trombetti, *Il ginnasio greco* (2013). – Zur Jagd s. Alain Schnapp, *Le chasseur et la cité* (1997); Ada Cohen, *Art in the Era of Alexander the Great* (2010) S. 64–118.

Zu den Bergen als Raum der wilden Natur im Gegensatz zu den städtischen Lebensräumen s. Richard Buxton, a.O. (zu Kap. 5) S. 80–96. – Zur liminalen Lage der Heiligtümer der Artemis am Meer s. M. Giuman, a.O. (zu Kap. 5) S. 180–224; A. Fenet, a.O. (zu Kap. 5). Allgemein zu Artemis und den fernen Meeresküsten s. Richard Buxton, »Iphigénie au bord de la mer«, *Pallas* 38 (1992) S. 209–215.

8. MYTHISCHE HELDEN UND HELDINNEN AM MEER

Zu griechischen Helden als archetypischen Verkörperungen der griechischen Jugend s. H. Jeanmaire a.O. und A. Brelich, *Gli eroi* a.O. (zu Kap. 7). – Theseus: Chr. Sourvinou-Inwood, *Theseus as Son and Stepson* (1979); J. Neils, *The Youthful Deeds of Theseus* (1987); C. Calame, *Thésée et l'imaginaire athénien* (1990). – Perseus: Kathryn Topper, »Perseus, the Maiden Medusa, and the Imagery of Abduction«, *Hesperia* 76 (2007) S. 73–105. – Iason: James J. Clauss, *The Best of the Argonauts* (1993). – Achill: Gregory Nagy, *The Best of the Achaeans* (1979); Tonio Hölscher, *Krieg und Kunst im antiken Griechenland und Rom* (2019) S. 60–81.

Theseus' Meeressprung: Bacchylides, Dithyrambos 17, 74–132. Nach J. Neils, a.O. 10 »a thoroughly un-Greek action«. Nach D. Warland (1999) 203 eschatologisch.

Die Geschichte von Phalanthos' Seefahrt ist bei Pausanias 10, 13, 10 überliefert, Poseidon als sein Vater bei Pseudo-Acro zu Horaz 1, 28, 29. Dazu s. Wolfgang Leschhorn, *»Gründer der Stadt«* (1984) S. 31–41. Zu Phalanthos auf den Münzen von Tarent s. Rainer Vollkommer, *Lexikon Iconographicum Mythologiae Classicae* 8 (1997) S. 977–982. Die Deutung des Delphin-Reiters ist umstritten, andere Forscher sehen in ihm den eponymen Heros der Stadt Taras, dessen Geschichte z.T. ähnlich der des Phalanthos erzählt wurde. Angesichts des Tarentiner-Weihgeschenks in Delphi, in dem Phalanthos und ein Delphin dargestellt waren (Pausanias 10, 10, 6; 10, 13, 10), scheint mir die Deutung auf diesen Helden wahrscheinlicher. S. jetzt Ines Böckelmann, *Ktistai. Zur Funktion und Ikonographie mythischer und historischer Stadtgründer in der griechischen Kultur* (2020) S. 85–116. – Allgemein zu Delphinreitern: Judith Barringer, »The Shefton Dolphin Rider«, in: John Boardman et al. (Hgg.), *On the Fascination of Objects* (2016) S. 117–129; Dorit Engster, »Von Delphinen und ihren Reitern. Delphine in Mythos und Kult«, in: Tanja S. Scheer (Hg.), *Natur – Mythos – Religion im antiken Griechenland* (2019) S. 171–197 (Schriftzeugnisse). – Knaben und Delphine: D. Engster, a.O. S. 190–193.

Zum Meer als Sphäre von Eros, Dionysos und Satyrn s. die inspirierenden Seiten bei François Lissarrague, *Un flot d'images* (1987) S. 104–118. Material bei Antoine Hermary u.a., *Lexicon Iconographicum Mythologiae Classicae* 3 (1986) Eros Nr. 157–192, 301–331; dazu W. J. Slater (1977). – Krater mit Helios und Sternen: Adolf Furtwängler / Karl Reichhold / Friedrich Hauser (Hgg.), *Griechische Vasenmalerei* (1932) S. 33–36, Taf. 126.

Das Phänomen der Normen sprengenden Heldinnen im griechischen Mythos ist in einer Ausstellung in München zum Thema gemacht worden: Raimund Wünsche (Hg.), *Starke Frauen* (2008); darin ein brillanter Beitrag von Bert Kaeser, »Die starken Frauen des Mythos. Typologie und Sinn«, S. 32–38, dem ich nur in seiner Beurteilung dieser Mythen als rein utopisches Gedankenspiel, in Antithese zu den tatsächlichen, auf Haus und Sittsamkeit eingeschränkten Verhaltensnormen der Frauen, nicht zustimme. Wie oben zu zeigen versucht wird, gab es unterhalb dieser Normen ein Potential an physischer und erotischer Vitalität, das in der kontrollierten sozialen Realität vielfach virulent blieb.

Atalante: Anne Ley. »Atalante. Von der Jägerin zur Liebhaberin«, *Nikephoros* 3 (1990) S. 31–72; Judith Barringer, *The Hunt in Ancient Greece* (2001) S. 147–173. – Oreithyia: Erika Simon, »Boreas und Oreithyia auf dem silbernen Rhyton in Triest«, *Antike und Abendland* 13 (1967) S. 101–126. – Peleus und Thetis: Xenia Krieger, *Der Kampf zwischen Peleus und Thetis in der griechischen Vasenmalerei* (1973). Hochzeit und Brautraub: James Redfield, »Notes on the Greek Wedding«, *Arethusa* 15 (1981) S. 181–201. – Nausikaa: Homer, *Odyssee* 6, 25–296. – Arethusa: Sophie Bouffier, »Arethusa and Kyane, Nymphs and Springs in Syracuse: Between Greece and Italy«, in: B. A. Robinson et al., a.O. (zu Kap. 5) S. 159–181.

Allgemein zum Meer als Raum des Draußen: Albin Lesky, *Thalatta* (1947), mit weit gespannter Darlegung der vielfältigen Aspekte des Meeres in der griechischen Kultur; R. Buxton, a.O. (zu Kap. 5) S. 97–113; Astrid Lindenlauf, »The Sea as a Place of no Return«, *World Archaeology* 35 (2003) S. 416–433, mit einseitiger Betonung der bedrohlichen und tödlichen Aspekte.

9.
KÖRPER, SCHÖNHEIT UND DIE KULTUR DES UNMITTELBAREN HANDELNS

Mehrfach wurde die ›Einsamkeit‹ des Tauchers in diametralen Gegensatz zu den Szenen der Tomba della caccia e della pesca und der Amphora mit den badenden Mädchen gestellt: dort die episodische Realität der Lebenswelt, hier die symbolische Einsamkeit im Tod: D. Warland (1998) S. 266: »La solitude du personnage est propice au défi cosmique«. B. Otto (1990) S. 266: »Weltabgeschiedenheit«. Vgl. R. Ross Holloway (2006) S. 382. Das klingt sehr nach Existentialismus des 20. Jahrhunderts. Beide Bildformen stellen die Realität von Jugendlichen an der Meeresküste dar, aber mit verschiedener Aussage-Intention. Für die motivische und formale Darstellung von Wirklichkeit im Hinblick auf bestimmte Aussagen habe ich den Begriff des »konzeptionellen Realismus« vorgeschlagen: T. Hölscher, »›Is Painting a Representation of Visible Things?‹ Conceptual Reality in Greek Art«, in: J. Bintliff / K. Ruther (Hgg.), *The Archaeology of Greece and Rome. Studies in Honour of Anthony Snodgrass* (2016) S. 262–288; Ders., *Visual Power* a.O. (zu Kap. 7) S. 209–211, 217–228.

Anmut und Schönheit als soziales Phänomen ist in einem glänzenden Essay von Christian Meier, *Politik und Anmut* (1985), dargestellt worden. Zur »Kultur des unmittelbaren Handelns« s. Tonio Hölscher, »Körper, Handlung und Raum als Sinnfiguren in der griechischen Kunst und Kultur«, in: Karl-Joachim Hölkeskamp u.a. (Hgg.), *Sinn (in) der Antike* (2003) 163–192; Christian Meier, *Kultur, um der Freiheit willen* (2009) 68–76.

Zur Kultur des Körpers im antiken Griechenland s. Andrew Stewart, *Art, Desire, and the Body in Ancient Greece* (1997). Dazu T. Hölscher, »Körper, Handlung und Raum« a.O. Zu den Praktiken der *ekdysis* und *endymatia* s. H. Jeanmaire, a.O. (zu Kap. 7) S. 441–442; A. Brelich, a.O. (zu Kap. 7) S. 113–207; K. Waldner, a.O. (zu Kap. 7) S. 222–242.

Zur ›Sprache‹ des menschlichen Körpers in Haltungen und Bewegungen im antiken Griechenland s. Maria Luisa Catoni, *Schemata. Comunicazione non-verbale nella Grecia antica* (2005).

Die Darstellung von (meist männlichen) Gestalten mit nacktem Körper wurde seit Winckelmann immer wieder als zentrales Phänomen der griechischen und römischen Kunst gesehen. Die erste systematische Untersuchung von Nikolaus Himmelmann, *Ideale Nacktheit in der griechischen Kunst* (1990) sieht darin weitgehend eine heroisierende Darstellungsform, während neuere Arbeiten sie als Ausdruck der spezifischen griechischen (und, in einem stärker metaphorischen Sinn, der römischen) Körperkultur verstehen: Tonio Hölscher, *Gnomon* 65 (1993) S. 519–528; Ders., »Körper, Handlung und Raum« a.O.; A. Stewart, a.O. passim; Jeffrey M. Hurwit,

»The Problem with Dexileos. Heroic and Other Nudities in Greek Art«, *American Journal of Archaeology* 111 (2007) S. 35–60; Christopher H. Hallett, *The Roman Nude* (2005).

10.
BILDER DES LEBENS IM ANBLICK DES TODES

Literatur zur frühen griechischen Grabkultur und der griechischen »ideologia funeraria« s. oben S. 136. – Zur besonderen Trauer um vorzeitigen Tod s. Ewald Griessmaier, *Das Motiv der mors immatura in den griechischen metrischen Grabinschriften* (1966).

Bilder vitalen Lebens an Grabdenkmälern: Caterina Maderna, in: Peter C. Bol (Hg.), *Die Geschichte der antiken Bildhauerkunst* I (2002) Taf. 332 a-c (Ballspiel, Hund und Katze, Hockeyspiel), 346 (wildes Gelage).

Eine eindrucksvolle Darstellung der sozialen Bilderwelt der griechischen Vasen ist von einer Gruppe von Forschern der französisch-schweizerischen Kulturanthropologie vorgelegt worden: Claude Bérard / Jean-Pierre Vernant (Hgg.), *La cité des images* (1984); deutsch: *Die Bilderwelt der Griechen* (1984). – Über die Kultur des Gelages s. Pauline Schmidt Pantel, *La cité au banquet* (1992); Oswyn Murray, *The Symposion: Drinking Greek Style* (2018). Bildliche Darstellungen: Burkhard Fehr, *Orientalische und griechische Gelage* (1971); Jean-Marie Dentzer, *Le motif du banquet couché dans le Proche-Orient et le monde grec du VIIe au IVe siècle avant J.-C.* (1982). – Homosexualität: K. J. Dover, *Greek Homosexuality* (1978); deutsch: *Homosexualität in der griechischen Antike* (1983); Gundula Koch-Harnack, a.O. (zu Kap. 5); Carola Reinsberg, *Ehe, Hetärentum und Knabenliebe im antiken Griechenland* (1989). – Freierwerbung um Agariste, Tochter des Kleisthenes von Sikyon: Herodot 6, 126–130.

11.
DAS GRAB IN PAESTUM: DER VERSTORBENE, SEINE LEBENSWELT UND SEIN TOTENRAUM

Die rasche Ausführung des Grabes ergibt sich aus technischen Beobachtungen: Die Platten zeigen im Verputz und den Malereien Druckspuren der Seile zum Versetzen. Sie wurden also in der Werkstatt stuckiert und bemalt, noch im feuchten Zustand in die vorbereitete Grube herabgelassen und dort verfugt. Das spricht dafür, dass das Grab nicht von dem Grabherrn zu Lebzeiten, sondern von seinen Angehörigen unmittelbar nach seinem Tod in Auftrag gegeben wurde: M. Napoli (1970) S. 95–108.

Gegen die vielfach vorherrschenden Makro-Narrative der Forschung, mit großräumigen Kultur-Einflüssen durch die gesamte Welt des Mittelmeeres, wendet sich G. Zuchtriegel (2018), der für eine »glokale« Sicht plädiert, in der globale und lokale Phänomene zueinander in Beziehung gesetzt werden. In diesem Sinn arbeitet er für die Tomba del Tuffatore den grundsätzlich griechischen Charakter, aber in lokaler Brechung heraus.

Zur Form des Kraters s. E. G. D. Robinson (2010). Griechischer Charakter des Symposion: O. Murray (1988).

Zum Verhältnis der Stadt Poseidonia-Paestum zum Wasser s. den nachdenklichen Essay von Gabriel Zuchtriegel, »La città di Poseidone«, in: Gabriel Zuchtriegel / Paul Carter / Maria Emanuela Oddo (Hgg.), *Poseidonia città d'acqua* (2019) S. 13–30. Zu den Heiligtümern am Fluss Capodifiume s. den poetischen Beitrag von Concetta Masseria, »Da Capodifiume al mare. Il destino delle fanciulle scorre lungo il fiume«, in demselben Band S. 215–223; dazu die große Synthese von Mario Torelli, *Ritorno a Santa Venera* (2020).

Zu dem Hera-Heiligtum von Foce del Sele als Kultort von Mädchen vor der Hochzeit s. G. Greco, a.O. (zu Kap. 1). – Zum Bezug des bestatteten Toten zu dem gemalten Symposion in einem imaginären Gelageraum s. Timothy McNiven, »The View from Behind«, in: John H. Oakley (Hg.), *Athenian Potters and Painters* III (2014) S. 125–133. Der Taucher an der Deckplatte steht allerdings einer allzu konkreten räumlichen Beziehung entgegen. – Grabepigramme mit dem Thema der Verstorbenen beim Gelage: R. Lattimore, a.O. (zu Kap. 2) S. 52.

Zur Frage der reduzierten oder verwehrten Sichtbarkeit antiker Bildwerke ohne Minderung ihrer Bedeutung s. in größerem Zusammenhang T. Hölscher, *Visual Power*, a.O. (zu Kap. 7) S. 299–333.

12.
AUSBLICK

Archilochos zum guten Feldherrn: Fragment 114 (West), – Platon zum idealen Staatsmann: *Politeia* 535a.

ABBILDUNGSNACHWEISE

Abb. 1–4: Tomba del Tuffatore, Seitenwände. Paestum, Museo Archeologico Nazionale, Inv. 23105. © Parco Archeologico Paestum & Velia/Ministero dei Beni e delle Attività Culturali.

Abb. 5: Tomba del Tuffatore, Deckplatte. Paestum, Museo Archeologico Nazionale, Inv. 23105. © Parco Archeologico Paestum & Velia/Ministero dei Beni e delle Attività Culturali.

Abb. 6: Tomba del Tuffatore, Paestum, Ansicht der Grabkammer. © Parco Archeologico Paestum & Velia/Ministero dei Beni e delle Attività Culturali.

Abb. 7: Metope vom ersten archaischen Tempel von Foce del Sele. Paestum, Museo Archeologico Nazionale, Inv. 133155. © Parco Archeologico Paestum & Velia/Ministero dei Beni e delle Attività Culturali.

Abb. 8: Metope vom spätarchaischen Tempel von Foce del Sele. Paestum, Museo Archeologico Nazionale, Inv. 133156. © Parco Archeologico Paestum & Velia/Ministero dei Beni e delle Attività Culturali.

Abb. 9: Lukanisches Grab. Paestum, Museo Archeologico Nazionale, Inv. 5005–5008, Andriuolo 1937. © Parco Archeologico Paestum & Velia/Ministero dei Beni e delle Attività Culturali.

Abb. 10–11: Tomba della caccia e pesca, Tarquinia. Nach: P. Romanelli, Le pitture della tomba »Caccia e Pesca« (Roma 1938).

Abb. 12: Sf. Skyphos aus der Nekropole von Rhitsona (Böotien). Theben, Archaiologikon Mouseion, Inv. Rhitsona 18.78. © Hellenic Ministry of Culture and Sports. Ephorate of Antiquities of Boeotia. Bearbeitet von Thomas Zachmann (Universität Tübingen).

Abb. 13: Rf. Kylix. Boston, Museum of Fine Arts, Inv. 01.8024.© Photograph 2021 Museum of Fine Arts, Boston.

Abb. 14: Thasos, Felsküste bei Kalami. © Diamantis Panagiotopoulos.

Abb. 14a: Thasos, Felsküste bei Kalami. Kalos-Inschriften. © École Française d'Athènes (EFA). Photo Yvon Garlan.

Abb. 15: Pholegandros, Höhle Chrysospilia. © Diaplous Travel, Pholegandros.

Abb. 15a: Pholegandros, Höhle Chrysospilia, Besucher-Inschriften. © Hellenic Ministry of Culture and Sports, Ephorate of Palaeoanthropology and Spelaeology.
Abb. 16: Sf. Amphora. Rom, Museo Nazionale Etrusco di Villa Giulia, Inv. 106463. © Museo Nazionale Etrusco di Villa Giulia, Rom.
Abb. 17: Rf. Amphora. Paris, Musée du Louvre, Inv. F 203. © RMN-Grand Palais (Musée du Louvre) / Photo Hervé Lewandowski.
Abb. 18: Klappspiegel aus Bronze, Deckel. Elis, Archaiologikon Moiseion, Inv. M 1446. © Xeni Arapogianni.
Abb. 19: Sf. Krateriskos. Brauron, Archaiologikon Mouseion, Inv. 548. © Hellenic Ministry of Culture and Sports. Ephorate of Eastern Attica.
Abb. 20: Altersstufen griechischer Männer und Frauen, Schema. Design Hubert Vögele. © T. Hölscher.
Abb. 21: Raumstruktur der griechischen Polis, Schema. Design Hubert Vögele. © T. Hölscher
Abb. 22: Attika, Plan. Mit Gymnasien Athens und Heiligtümern der Artemis in Brauron und Munichia. © T. Hölscher. Design Hubert Vögele, unter Benutzung von Hermann F. Mussche, Thorikos (1998) fig. 1.
Abb. 23: Rf. Kelchkrater. Berlin, Staatliche Museen, Antikensammlung, Inv. F2180. © Antikensammlung, Staatliche Museen – Preußischer Kulturbesitz. Photo Johannes Laurentius.
Abb. 24: Rf. Kylix. London, British Museum, Inv. 1892,0718.7 (E 46). © The Trustees of the British Museum.
Abb. 25: Sf. Hydria. Würzburg, Martin von Wagner Museum der Universität, Inv. HA 32. Um 520–510 v. Chr. © Martin von Wagner Museum der Universität Würzburg. Photo P. Neckermann.
Abb. 26: Rf. Stamnos. Paris, Musée du Louvre, Inv. G 186. © RMN-Grand Palais (Musée du Louvre) / Photo Tony Querrec.
Abb. 27: Rf. Kylix. London, British Museum, Inv. E 48. © The Trustees of the British Museum.
Abb. 28: Rf. Kylix. Berlin, Staatliche Museen, Antikensammlung, Inv. 2291. © Antikensammlung, Staatliche Museen – Preußischer Kulturbesitz. Photo Johannes Laurentius.
Abb. 29: Rf. Hydria. Heidelberg, Antikensammlung der Universität, Inv. 83/1. © Antikensammlung der Universität Heidelberg. Photo Hubert Vögele.
Abb. 30: Rf. Glockenkrater. Syrakus, Museo Regionale, Inv. 23910. © Su autorizzazione del Parco archeologico e paesistico di Siracusa, Eloro, Villa del Tellaro e Akrai.
Abb. 31: Rf. Kylix. Paris, Musée du Louvre, Inv. G 104. © RMN-Grand Palais (Musée du Louvre) / Photo Stéphane Maréchalle.

Abb. 32: Didrachme von Tarent. Staatliche Museen zu Berlin, Münzkabinett, IKMK 18214527. © Staatliche Museen zu Berlin, Münzkabinett. Photo Dirk Sonnenwald.

Abb. 33: Sf. Trinkschale. Rom, Museo Nazionale Etrusco di Villa Giulia, Inv. 64608. © Museo Nazionale Etrusco di Villa Giulia, Rom.

Abb. 34: Rf. Lekythos. Princeton, University Museum, Inv. 2014–33. © Princeton, University Museum.

Abb. 35: Rf. Stamnos. London, British Museum, Inv. E 440. © The Trustees of the British Museum.

Abb. 36: Sf. Kylix. München, Staatliche Antikensammlungen, Inv. 2044. © München, Staatliche Antikensammlungen und Glyptothek. Photo Renate Kühling.

Abb. 37: Rf. Kylix. Paris, Musée du Louvre, Inv. G 92. © RMN-Grand Palais (Musée du Louvre). Photo Stéphane Maréchalle.

Abb. 38: Rf. Kelchkrater. London, British Museum, Inv. E 466. © Universität Basel, Archäologisches Institut, Fotoarchiv.

Abb. 39: Rf. Pelike. Rom, Museo Nazionale Etrusco di Villa Giulia, Inv. 113394. © Museo Nazionale Etrusco di Villa Giulia, Rom.

Abb. 40: Rf. Kylix. Berlin, Staatliche Museen, Antikensammlung, Inv. F 2279. © Antikensammlung, Staatliche Museen – Preußischer Kulturbesitz. Photo Johannes Laurentius.

Abb. 41: Rf. Amphora. München, Staatliche Antikensammlung, Inv. 2322. © Staatliche Antikensammlungen und Glyptothek München. Photo Renate Kühling.

Abb. 42: Grabrelief (?). Kos, Archaiologikon Mouseion, Inv. 43. © Deutsches Archäologisches Institut Athen D.DAI-Ath-Kos 43. Photo: Eva-Maria Czakó.